インターネットと ヘイトスピーチ

第二東京弁護士会人権擁護委員会 編

現代人文社

はしがき

　当委員会では，基本的人権を擁護するため，人権侵害についての情報を収集し，人権侵害を受けた人のために救護その他適切な措置をとることを職務としています。その中でも，外国人・民族的マイノリティに対する差別・迫害に対処するために，当委員会内に，外国人・民族的マイノリティに関する部会を設置し，諸活動を行っており，近年は，ヘイトスピーチ問題に力を入れ，取組みを行っています。

　当委員会では，2009年12月の京都朝鮮学校襲撃事件を受け，日本社会に排外主義的風潮が強まっていることに危機感を抱き，2010年11月10日に「現代排外主義と人種差別規制立法」と題する講演会を開催し，2011年３月には，同講演会の記録等を収めた『現代排外主義と差別的表現規制——人種差別禁止法とヘイトクライム法の検討』を刊行しました。2014年から2018年にかけては，一般社団法人テレコムサービス協会，Ｊリーグ，Yahoo!株式会社など，インターネット関連団体や，ヘイトスピーチ問題について，顕著な取組みを行っている団体を訪問し，ヒアリングを行いました。2018年３月19日には，「インターネット上の人種差別的ヘイトスピーチ撲滅のために適切な対応を求める意見書」を発表し，サイト運営者やインターネット関連団体に対し，インターネット上のヘイトスピーチの削除等の措置についての意見を表明しました。そして，2018年12月12日には，インターネット上のヘイトスピーチ対策に関する議論をより活性化させるために，シンポジウム「インターネットとヘイトスピーチ」を実施しました。

　本書は，同シンポジウムにおける研究者・弁護士の方々の報告およびパネルディスカッションの記録をまとめたものです。また，同シンポジウムにおける議論をより理解していただくために，冒頭に当委員会委員による「インターネット上のヘイトスピーチに関する基礎知識」および「インターネット書き込みの仕組み」を追加しました。

　ヘイトスピーチは，インターネットの普及により，2000年代半ばから

一気に注目を集め，その規制をめぐる議論が盛んになりました。

　2016年5月24日には，日本における初めての反人種差別法として，「本邦外出身者に対する不当な差別言動の解消に向けた取組の推進に関する法律」，いわゆるヘイトスピーチ解消法が成立し，ヘイトスピーチ撲滅に向けた自治体や民間団体の取組みも広がっています。

　しかし，インターネット上には，現在においても，特定の人種・民族等を誹謗中傷する書込み・動画等の投稿が氾濫していますし，インターネット上のヘイトスピーチの影響力は，さらに大きくなっているという深刻な現状があります。

　本書の刊行が，インターネット上のヘイトスピーチ撲滅をめぐる議論をより活性化させ，その対応を促進させる一つの契機となることを願っています。

　2019年10月

　　　　　　　　　　第二東京弁護士会　人権擁護委員会
　　　　　　　　　　　　委員長　鳥海　準

目次

はしがき　2

インターネット上のヘイトスピーチに関する基礎知識 ……………7
李春熙（第二東京弁護士会人権擁護委員会）

1　ヘイトスピーチとは　7
2　インターネットとヘイトスピーチ　8
3　インターネットというメディアの特性　10
4　インターネット上のヘイトスピーチについての法的責任　11
5　インターネット上の情報「削除」をめぐる現行制度　12
　⑴　プロバイダ責任制限法による規律　12
　⑵　約款等に基づく削除対応　13
　⑶　行政や業界団体の取組み　15
6　諸外国の対策例　17

インターネット書き込みの仕組み ………………………………18
石田拡時（第二東京弁護士会人権擁護委員会）

1　インターネット上の「書き込み」の仕組み　18
2　「書き込み」の削除について　19
　⑴　削除の方法　19
　⑵　削除の困難さ　20
3　「書き込み」をした人を特定する方法　20
　⑴　「書き込み」をした人を特定する手続の流れ　20
　⑵　特定の困難さ　21

［コラム］ヤフーニュースの「コメント」機能におけるヘイトスピーチについて　22

基調報告

インターネット上のヘイトスピーチをめぐる
法制度の現状と課題 ………………………………………………24
曽我部真裕（京都大学大学院法学研究科教授）

1　インターネット上の違法有害情報対策　24
2　インターネット上の表現規制　25

⑴　インターネットの特徴　25
⑵　規制の方法　26
3　インターネット上のヘイトスピーチ対策　29
⑴　大阪市のヘイトスピーチ対処条例　29
⑵　東京都のオリンピック憲章条例　31
⑶　そのほかの条例　31
4　違法有害情報におけるヘイトスピーチの位置づけ　31
5　今後の課題　32
⑴　事業者の取組みの強化　32
⑵　権利侵害の救済制度の強化　32
⑶　不当な差別的言動の違法化　33
⑷　社会的コンセンサスの醸成　33

報告

インターネット上のヘイトスピーチ被害の深刻さ……………35
師岡康子（東京弁護士会）

1　ヘイトスピーチとは何か　35
2　ヘイトスピーチはどのような害悪をもたらすのか　37
⑴　当事者が被る害悪　37
⑵　社会全体に与える害悪　38
3　どのような法規制が必要なのか　40
4　ヘイトスピーチ解消法の問題点　40
⑴　制裁規定も救済手続もない　40
⑵　インターネット上のヘイトスピーチに対する規定がない　41

報告

ドイツを中心としたヨーロッパ諸外国における
SNS上のヘイトスピーチ対策………………………………43
金尚均（龍谷大学法学部教授）

1　日本の現状　43
⑴　表現の自由とは　43
⑵　SNSにおけるヘイトスピーチの蔓延　44
⑶　インターネットの特殊性――被害の継続　45
2　インターネット上のヘイトスピーチ規制　46

⑴　規制の方法　46

⑵　日本の対応　47

⑶　ドイツにおける規制　47

3　ヨーロッパにおける対策の広がり　49

4　まとめ　50

パネルディスカッション

実効性のある被害者救済を考える ……………………………………51

パネリスト：曽我部真裕・師岡康子・金尚均

コーディネーター：李春熙（第二東京弁護士会）

1　現行法のもとで被害者がとりうる裁判手続　51

⑴　削除請求　52

⑵　損害賠償請求　54

2　現行法上の問題点　54

3　裁判以外の救済方法──法務局　55

4　ヘイトスピーチの違法性──違法情報か有害情報か　56

5　有害情報に対する対策　57

⑴　法制度　57

⑵　ヘイトスピーチへの対応　58

6　迅速な被害者救済手段の可能性　59

⑴　大阪市条例制定後の現在　59

⑵　ドイツにおける取組み　60

⑶　コストの負担をどうするか　61

7　プラットフォーム事業者の責任　62

8　インターネット上の表現規制　63

⑴　現行法制度においても可能な対応　63

⑵　リアルとインターネットの違い　64

9　差別を規制する法制度　65

10　ヘイトスピーチと表現の自由　67

11　今後の課題　68

⑴　有害情報としての規制　68

⑵　ヘイトスピーチ対策の担い手　69

⑶　立法の必要性　70

12　ヘイトスピーチ撲滅のために　71

インターネット上の人種差別的ヘイトスピーチ撲滅のために適切な対応を求める意見書　75

インターネット上のヘイトスピーチに関する基礎知識

李春熙（第二東京弁護士会人権擁護委員会）

1 ヘイトスピーチとは

　そもそもヘイトスピーチとは何でしょうか。

　ヘイトスピーチとは，広義では，人種，民族，国籍，性などの属性を有するマイノリティの集団もしくは個人に対する，その属性を理由とする差別的表現のことです。ヘイトスピーチの中核にある本質的な部分は，マイノリティに対する「差別，敵意又は暴力の煽動」（市民的及び政治的権利に関する国際規約〔自由権規約〕20条），「差別のあらゆる煽動」（あらゆる形態の人種差別の撤廃に関する国際条約〔人種差別撤廃条約〕4条本文）であり，表現による暴力，攻撃，迫害であるといわれています（師岡康子『ヘイト・スピーチとは何か』〔岩波新書，2013年〕48頁）。そして，昨今，日本でも，特定の人種や民族に対するヘイトスピーチ（ここでは人種差別的ヘイトスピーチと呼ぶことにします）が社会に蔓延し，被害が深刻化しています。

　日本における人種差別的ヘイトスピーチは，2000年代半ばから，主にインターネット上を中心に耳目を集めるようになり，徐々に，ネット上の書き込み・発言にとどまらず，「街頭」に溢れ出すようになりました。その頃から，排外主義的主張を標榜する団体または個人による，外国人・民族的マイノリティに対する差別・迫害事例が多発するようになります。

　2009年4月には，「不法滞在」を理由に入管から強制送還を迫られていたフィリピン人一家に対し，「追放デモ」と称して，当時中学生だった長女の通う学校の前を通るルートでデモ行進が行われ，「犯罪外国人は日本から出て行け」などの発言が繰り返されるという事件が発生しました。

　また，2009年12月には，京都において，排外主義的団体の構成員らが，

7

子どもたちが現に学校活動を行っていた朝鮮学校の校門前に押しかけ，「北朝鮮のスパイ養成機関，朝鮮学校を日本から叩き出せ」，「日本から出ていけ」，「約束というものは人間同士がするものなんですよ。人間と朝鮮人では約束は成立しません」などの人種差別的・排外主義的街宣活動を行うという事件が発生しました。在日コリアン社会に衝撃を与えた，この「京都朝鮮学校襲撃事件」は，刑事事件に発展し，街宣活動に関わった構成員ら4名が起訴され，威力業務妨害，侮辱罪などでの有罪判決が確定しています。また，学校側が提起した民事訴訟で，裁判所は，加害者らの活動を「全体として人種差別撤廃条約1条1項所定の人種差別に該当する」と明確に判示して，1000万円を超える高額の損害賠償と，街宣活動等の差止めを命じました。

2013年に入ってからは，東京・新大久保や大阪・鶴橋で排外主義的団体が主催するデモにおいて，「朝鮮人を殺せ」「ゴキブリ」「叩き出せ」など，在日コリアンの存在自体を否定し，直接的な加害行為を呼びかけるような過激な発言が堂々と繰り返されるに至りました。

このようなヘイトスピーチ被害の深刻化を背景に，一定の規制をすべきであるとの国内外の世論が高まり，2016年5月24日，日本における初めての反人種差別法として，「本邦外出身者に対する不当な差別的言動の解消に向けた取組の推進に関する法律」(ヘイトスピーチ解消法)が成立しました。

ヘイトスピーチは，歴史的な差別構造の一部としてなされるがゆえに，幾世代にもわたる社会全体からの差別と暴力の恐怖，苦痛をよみがえらせ，また，今後も自分に，そして次世代の子どもたちに対しても一生繰り返されるかもしれない絶望を伴い，マイノリティの心身に極めて深刻な害悪をもたらします。

2 インターネットとヘイトスピーチ

このような人種差別的ヘイトスピーチは，インターネット上にも氾濫しています。たとえば，「在日特権を許さない市民の会」(在特会)等による排外主義的な差別街宣は，インターネットで参加を呼びかけられたうえ，そ

のような街宣の様子が即座に動画でインターネット上に発信されることが通例です。これにより，差別街宣の場に直接居合わせなかった者も，インターネットを通じてヘイトスピーチにさらされ続けることになり，ヘイトスピーチによる被害が，より拡散・深刻化します。

　パソコン，スマートフォンなどの普及により，インターネットは，私たちの生活と切っても切り離せないものとなっており，私たちは，インターネットなしには生活を維持できないと言っても過言ではありません。そんな現代社会では，生活の中でインターネット上のさまざまな情報に触れることが不可避であり，本人が望まなくとも，ヘイトスピーチを目にしてし

【あなたは、普段インターネットを利用することがありますか？】

n=4252

		人数（割合）
1	ある	3396（79.9%）
2	ない	753（17.7%）
	無回答・不明	103（2.4%）
	合計	4252（100.0%）

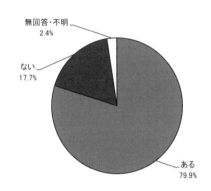

【（「ある」と答えた方）インターネットを利用している時に、次のような経験がありますか？】

n=3396

	よくある（割合）	たまにある（割合）	ない（割合）	無回答（割合）	合計（割合）
日本に住む外国人を排除するなどの差別的な記事、書き込みを見た	352 (10.4%)	1059 (31.2%)	1909 (56.2%)	76 (2.2%)	3396 (100.0%)
上記のような記事、書き込みが目に入るのが嫌で、そのようなインターネットサイトの利用を控えた	219 (6.4%)	455 (13.4%)	2561 (75.4%)	161 (4.7%)	3396 (100.0%)
自分のインターネット上の投稿に、差別的なコメントを付けられた	34 (1.0%)	111 (3.3%)	3068 (90.3%)	183 (5.4%)	3396 (100.0%)
差別を受けるかもしれないので、インターネット上に自分のプロフィールを掲載するときも、国籍、民族は明らかにしなかった	209 (6.2%)	294 (8.7%)	2717 (80.0%)	176 (5.2%)	3396 (100.0%)

インターネット上のヘイトスピーチに関する基礎知識 | 9

まうことが多いのです。

　前頁の図表は，2016年に法務省が行った外国人住民調査の結果です（公益財団法人人権教育啓発推進センター「外国人住民調査報告書〔訂正版〕」平成29〔2017〕年6月〔以下，法務省調査報告〕より）。

　普段インターネットを利用すると回答した外国人のうち，「日本に住む外国人を排除するなどの差別的な記事，書き込みを見た」ことが「ある」人（「よくある」「たまにある」の合計。以下同じ）が41.6%，そのような記事，書き込みが目に入るのが嫌で，「インターネットサイトの利用を控えた」ことがあると回答した人が合計19.8%にも上ることがわかります。「差別を受けるかもしれないので，インターネット上に自分のプロフィールを掲載するときも，国籍，民族は明らかにしなかった」ことがある人も合計14.9%存在します。

　在日コリアン青年連合が実施した調査「在日コリアンのヘイトスピーチとインターネット利用経験などに関する在日コリアン青年差別実態アンケート調査報告書」は，10代から30代の在日コリアン青年に対する調査を踏まえて，「在日コリアン青年はインターネットを利用する際，たとえ遭遇を回避しようとしても，SNSでは特に，ヘイトスピーチを経験せざるを得ない」，「差別は，何度経験してもショック・ダメージを受けるものであり，軽減される傾向はみられない」という分析を行っています。

3　インターネットというメディアの特性

　このようなインターネット上のヘイトスピーチは，どのようにすれば，防止し，根絶できるのでしょうか。

　インターネット上のヘイトスピーチの被害者は，被害の回復と再発防止のために，どのような行動をとることができるのでしょうか。

　この問題を考えるうえでは，インターネットというメディアの技術的，構造的な特徴を理解することが必要です。

　インターネット上の情報流通の過程で，私たちインターネット利用者は，情報の発信者（「書き込み」などを行う人物），インターネットサービスプロバイダ，コンテンツプロバイダなどの各段階を経て情報を受領します。

ヘイトスピーチなど問題のある書き込みがなされた場合，私たちは通常，情報の発信者に直接削除要請を行うのではなく，サイト管理者に対して削除を要請することになります。また，ヘイトスピーチを書き込んだ発信者が「どこの誰であるか」は容易には明らかになりません。発信者を特定するためには，裁判所の仮処分などの手続を経なければならない場合がほとんどです。インターネットが匿名のメディアといわれる所以です（インターネットの仕組みについては本書18頁以下参照）。

4 インターネット上のヘイトスピーチについての法的責任

インターネットでヘイトスピーチ情報を投稿したり書き込んだりした者には，どのような責任が生ずるのでしょうか。

「オフラインにおいて違法なものはオンラインにおいても違法である」との標語があります。インターネット上で違法な情報発信を行った者は，オフライン，つまり現実社会における場合と同様に，刑事上，民事上の責任を負います。

特定個人に向けられたヘイトスピーチをインターネット上で行い，それが名誉毀損罪，侮辱罪，脅迫罪等の構成要件に該当する場合には，そのような表現が現実社会で行われた場合と同様に，刑事上の犯罪が成立します[1]。

刑事責任に加え，インターネット上でヘイトスピーチを行い，それによって特定個人の権利が侵害されたと評価される場合には，発信者は，そのような権利侵害の被害者との関係で，民事上の損害賠償義務を負います[2]。

このように，インターネット上で行われたヘイトスピーチについても，

---

[1] 在日韓国人の男性に対して，ネット掲示板で実名を挙げて「在日朝鮮人の詐欺師」，「イネやネコを食べている」などと書き込んで名誉を毀損した男性2人の行為について，石垣簡易裁判所は，2019年1月17日付および同年2月24日付で，それぞれ名誉毀損罪の成立を認めて罰金10万円の略式命令を発した（毎日新聞2019年2月7日朝刊）。在日コリアンにルーツをもつ神奈川県川崎市の少年（当時中学生）に対して，インターネット上の匿名ブログで，少年の実名を挙げて，「如何にもバカ丸出しで，面構えももろチョーセン人面」，「見た目も中身ももろ醜いチョーセン人!!!」などと書き込んで侮辱した大分市の60代男性に対して，川崎簡易裁判所は，2018年12月20日付で，侮辱罪により科料9000円の略式命令を発した（弁護士ドットコムニュース2019年1月16日配信記事）。

オフラインにおけるのと同様に，発信者に対して，刑事上，民事上の責任追及が可能です。

しかし，現実には，先ほど述べたようなインターネットの特性との関係で，発信者の特定や責任追及は容易ではありません。

ヘイトスピーチ被害者が，法的手続を利用して発信者の責任を直接追及するためには，発信者情報開示のために，仮処分を含む複数の法的手続を経由しなければならないことがほとんどです。ヘイトスピーチが海外のサーバーを利用して行われた場合などは，特定が不可能な場合もあります。

そこで，インターネット上のヘイトスピーチ被害の拡大防止，実効性のある救済のためには，裁判所等における手続を経て発信者の責任を追及するよりは（あるいはそれと並行して）簡易かつ迅速にヘイトスピーチ情報を「削除」することが最も重要といえます。

5　インターネット上の情報「削除」をめぐる現行制度

インターネット上の表現活動は，民間事業者の運営するプラットフォーム上で行われることがほとんどです。ヘイトスピーチの簡易・迅速な削除を実現するためには，民間事業者による取組みが極めて重要です。

⑴　プロバイダ責任制限法による規律

特定個人の権利を侵害する情報については，「特定電気通信役務提供者の損害賠償責任の制限及び発信者情報の開示に関する法律」（プロバイダ責任制限法）が制定・運用されており，同法の枠内での対応が実務上定着しています。

プロバイダ責任制限法のもとで，自己の権利を侵害された特定個人はプロバイダ等に対して削除要請を行うことができ，削除要請を受けたプロバ

---

2) 在日コリアンのフリーライターの女性が，自身に対する誹謗中傷記事を多数掲載したいわゆる「まとめサイト」に対して損害賠償を請求した訴訟で，裁判所が，サイトの記事が名誉毀損，侮辱とともに，ヘイトスピーチ解消法，人種差別撤廃条約の各規定に反する人種差別に該当するとして，200万円の賠償を命じた事例がある（大阪地判平29・11・16，大阪高判平30・6・28〔控訴審〕）。

イダ等は，法が規定する要件を充たす場合には，削除等の措置を講じても損害賠償責任を負いません。このような枠組みのもとで，プロバイダ等は，被害者からの削除要請を受けて適時に削除を行っています。

　また，プロバイダ責任制限法は，自己の権利を侵害された特定個人にプロバイダ等に対する発信者情報開示請求権を付与しており，違法な書き込み等を行った個人に対する責任追及が可能となっています。

　しかし，プロバイダ責任制限法が削除要請・発信者情報開示請求の対象とする「他人の権利を侵害する情報」は，現状，特定個人の権利を侵害する情報に限られるものと解釈されており，ある人種・民族に属する不特定多数に向けられたヘイトスピーチ情報については，同法が対象とする権利侵害情報には含まれない扱いになっています。

　たとえば，特定個人を名指しして「○○（特定個人）は朝鮮人だから生きている価値はない」，「○○は祖国に帰れ」などの書き込みを行うことは，特定個人の名誉その他の人格権を侵害しますから，現行法上もプロバイダ責任制限法による規律の対象になります。

　しかし，特定個人を名指しせず，概括的に「○○人は犯罪者だ」，「○○人を日本から追い出せ」，「○○人を殺せ」などの書き込みを行うことは，通常，特定個人の権利を侵害する情報ではないと解釈されますので（文脈によって特定個人の権利侵害が認められる場合もあることに注意），現状ではプロバイダ責任制限法による削除要請の対象となりません。

　以上のように，プロバイダ責任制限法のもとでの削除要請の枠組みは，特定個人を名指ししてなされたヘイトスピーチの削除については適用可能ですが，ある人種・民族に属する不特定多数に向けられたヘイトスピーチとの関係でいうと，現状では機能していないと言わざるをえません。

⑵　約款等に基づく削除対応

　民間事業者は，多くの場合，その約款等においてヘイトスピーチのような違法，有害情報の発信等を禁止事項としており，約款に基づく削除が可能な地位にあります。

　通信関連業界４団体の代表メンバーからなる違法情報等対応連絡会は，「違法・有害情報への対応等に関する契約約款モデル条項」（以下，「モデル

インターネット上のヘイトスピーチに関する基礎知識　13

条項」）を作成，公表しています。

　日本国内の多くのプロバイダその他のプラットフォーム事業者は，このモデル条項に即した約款を作成しています。

　モデル条項では，「他者を不当に差別もしくは誹謗中傷・侮辱し，他者への不当な差別を助長し，またはその名誉もしくは信用を毀損する行為」，「その他，公序良俗に違反し，または他者の権利を侵害すると当社が判断した行為」が禁止事項とされており，そのような違法・有害な情報を，契約者またはその関係者が発信した場合，プロバイダ等は契約者等に対して当該情報の削除等の措置をとることができると定めています。プロバイダは，約款の規定に基づいて，情報発信者・契約者の同意がなくてもヘイトスピーチの削除を行うことが可能なのです。

　なお，違法情報等対応連絡会が公表しているモデル条項の「違法・有害情報への対応等に関する契約約款モデル条項の解説」（https://www.telesa.or.jp/ftp-content/consortium/illegal_info/pdf/The_contract_article_model_Ver11.pdf）は，ヘイトスピーチ解消法制定後の2017年３月15日に改訂され，モデル条項１条(3)の「他者を不当に差別もしくは誹謗中傷・侮辱し，他者への不当な差別を助長し，またはその名誉もしくは信用を毀損する行為」には，「特定個人」に向けられたヘイトスピーチだけではなく，「『本邦外出身者に対する不当な差別的言動』を含むいわゆるヘイトスピーチ」が含まれることが明記されました。

　このようなモデル条項に準じた約款を採用していない事業者でも，ほとんどの場合，ヘイトスピーチに該当する情報を発信する行為は禁止事項とされています。

　たとえば，Yahoo!株式会社が公表している利用規約では，第１章の「7．サービス利用にあたっての順守事項」で「(1)　日本国……の法令に違反する行為」，「(2)　社会規範・公序良俗に反するものや，他人の権利を侵害し，または他人の迷惑となるようなものを，投稿，掲載，開示，提供または送信（以下，これらを総称して「投稿など」）したりする行為」を，それらを誘発する行為や準備行為も含めて禁止しています。

　また，Twitter Japan株式会社は「暴言や脅迫，差別的言動に対するTwitterのポリシー」を公表しており，そこでは，「人種，民族，出身地，

信仰している宗教，性的指向，性別，性同一性，年齢，障碍，深刻な疾患を理由とした他者への暴力行為，直接的な攻撃行為，脅迫行為を助長する投稿」をヘイト行為として，禁止する旨を明示しています。

⑶　行政や業界団体の取組み

　このような個別の事業者の取組みに加えて，行政や業界団体などが，ヘイトスピーチの削除に向けた体制を積極的に構築することはできないのでしょうか。

ア　法務省人権擁護局による削除要請の可能性

　法務省人権擁護局は，各地の法務局，地方法務局等で，人権侵犯事件に対する調査・救済制度を運用しています。

　この制度のもとでは，被害者からの申告を受けて，法務省職員や人権擁護委員が調査を行い，人権侵害の事実が認められる場合には，援助，通告，告発，啓発等の救済措置がとられることになっています。インターネットでの人権侵害事案にも当然適用があり，法務省人権擁護局の作成したリーフレットでも，「インターネット掲示板等での誹謗中傷やプライバシー侵害情報等について，被害者に対する削除方法等の説明やサイト運営者等に対する削除要請を行っています」と明記されています。

　法務省人権擁護局は，2019年3月8日付で「インターネット上の不当な差別的言動に係る事案の立件及び処理について（依命通知）」を発しました。

　この通知では，人権擁護局における人権救済手続においては，「特定の者」に対する不当な差別的言動を救済措置の対象とするという原則論を維持しつつも，集団等が差別的言動の対象とされている場合であっても，「①その集団等を構成する自然人の存在が認められ，かつ，②その集団等に属する者が精神的苦痛等を受けるなど具体的被害が生じている（又はそのおそれがある）と認められるのであれば，やはり救済を必要とする『特定の者』に対する差別的言動が行われていると評価すべきこととなる」としています。

　そしてさらに，「……調査の結果，人権侵犯性が認められない差別的言動であっても，その調査の過程において，当該差別的言動がヘイトスピーチ解消法第2条に規定する『本邦外出身者に対する不当な差別的言動』に

インターネット上のヘイトスピーチに関する基礎知識　｜　15

該当すると認められたものについては，プロバイダ等に対し，その旨の情報提供を行い，約款に基づく削除等の対応の検討を促すことが望ましい」として，不特定多数に向けられたヘイトスピーチであっても，人権擁護局からプロバイダ等に対して情報提供をして削除対応を促すという対応をとる余地を残しています。

イ　地方自治体独自の条例制定の動き

　近時，いくつかの地方自治体が，独自にヘイトスピーチの防止，対策等に関する条例を制定しており，その中では，インターネット上のヘイトスピーチに対する取組みを含むものも存在しています。

　たとえば，大阪市は，2016年1月に「大阪市ヘイトスピーチへの対処に関する条例」を制定しました。同条例では，インターネット上にヘイトスピーチに該当する書き込みがなされている場合は，市がプロバイダに削除要請するなどの拡散防止措置をとることが規定されています。この条例のもとで，在日朝鮮人に対するヘイトスピーチ動画がインターネット上で公開されているのは人権侵害にあたるとして，大阪市が複数のサイト運営者に削除を要請し，一部が削除に応じたとのことです。

ウ　業界団体の取組み

　ヘイトスピーチ以外の違法情報（インターネット上の流通が法令に違反する情報）や有害情報（公序良俗に反する情報や違法行為を引き起こすおそれのある情報等）については，プロバイダやプラットフォーム事業者の個別の取組みに加え，いわゆる業界団体が，警察等と協力してインターネット利用者からの情報提供を受け付け，必要に応じて警察に通報したり，プロバイダへの削除依頼を行うなどの対策を講じています。

　2019年5月現在，「違法情報」については，インターネット・ホットラインセンターが，警察庁の委託事業として，通報の受理と警察への通報やサイト管理者等への削除依頼を実施しています。また，「有害情報」については，一般社団法人セーファーインターネット協会が，通報を受理し削除依頼などの対応を行っています。

　しかし，現時点では，業界団体が通報受理・削除依頼等の対象とする違法・有害情報にヘイトスピーチが含まれるのかどうかが，明示的に示されていません。たとえば，セーファーインターネット協会のホームページで

は，対象となる「有害情報」として「児童を対象としたいじめの勧誘」，「遺体や殺害行為の画像等」，「違法行為を直接的かつ明示的に請負・仲介・誘因等する情報」，「違法情報に該当する疑いが相当程度認められる情報」，「人を自殺に誘因・勧誘する情報」のみが掲げられており，ヘイトスピーチは挙げられていないのです。

　マイノリティの尊厳を傷つけ，社会に差別を蔓延させることにつながるヘイトスピーチは，少なくとも「有害情報」に該当することが明らかではないでしょうか。

　業界団体は，警察その他の行政機関と共同して，ヘイトスピーチについても，インターネット利用者からの通報を受け付け，プロバイダやサイト管理者等に対する削除依頼を積極的に行うべきと考えます。

6　諸外国の対策例

　諸外国においては，インターネット上におけるヘイトスピーチ拡散防止が民主主義社会の維持のために急務であるとの認識のもと，インターネットサイトの運営企業らと協調した対策が講じられるに至っています（金尚均教授の報告「ドイツを中心としたヨーロッパ諸外国におけるSNS上のヘイトスピーチ対策」とパネルディスカッションにおける議論参照）。

インターネット書き込みの仕組み

石田拡時(第二東京弁護士会人権擁護委員会)

1 インターネット上の「書き込み」の仕組み

インターネット上のブログ等で「書き込み」が行われるときの基本的な仕組みは，次のとおりです(次頁の図参照)。

発信者(X)が自宅のパソコンを利用してインターネット上でA社が管理・運営しているブログ上で「書き込み」を行う場合を想定すると，

① まず，Xは，インターネット接続サービスを提供するB社(インターネット・サービス・プロバイダ。以下，「ISP」)との間でインターネット接続の契約(プロバイダ契約)を締結します。この時点で，B社は，接続料金等を請求する都合上，Xの住所・氏名などの情報を取得することになります。なお，スマートフォンを利用して「書き込み」を行う場合には，ドコモやソフトバンクなどの携帯電話会社がISPの役割を果たします。

② 次に，実際にXがインターネットに接続して「書き込み」を行おうとする場合，まず，Xは，B社の保有するサーバーにアクセス(接続)することになります。このときに，通常は，B社から接続の都度，利用者に対してIPアドレスが割り当てられます。IPアドレスとは，インターネット上の住所のようなものです。

③ そして，IPアドレスの割り当てを受けたXは，次に，当該ブログのデータを管理しているA社のサーバーにアクセス(接続)することになります(ブログ等のサイトを管理している会社ことを「コンテンツ・プロバイダ」といいます)。これにより，当該ブログがXのパソコン画面上に表示され，Xは当該ブログを閲覧できるようになります。

インターネットの仕組み

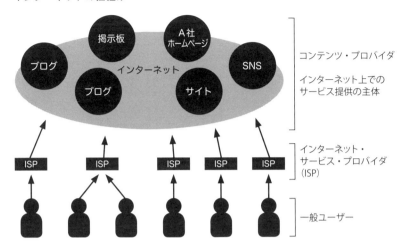

④ そのうえで，Xは，当該ブログのデータが保管されているA社のサーバーに自分が書き込む内容の情報を送ります。これによって当該ブログへの「書き込み」がなされることになります。

2 「書き込み」の削除について

(1) **削除の方法**
ア　サイト管理者への削除依頼

　ブログやSNS等の中には，サイト内に削除依頼用の送信フォームが用意されているものがあります。そうした場合には，これを利用してブログ等の管理者に対して削除依頼を行うことができます。また，上記のようなフォームが用意されていない場合には，テレコムサービス協会の書式を利用して削除依頼を行う方法もあります。

　しかし，こうした削除依頼には法的な強制力はありません。したがって，実際に削除するかどうかはサイト管理の判断であり，結果として削除依頼が無視されるまたは拒否されることもあります。

イ　裁判所に対する削除仮処分の申立て

　サイト管理者への削除依頼を行ったけれども無視された，または拒否さ

れたという場合には，裁判所に対する削除仮処分の申立てという方法があります。

　これは，申立人が裁判所に対して当該「書き込み」を直ちに削除しなければならない事情を申し立て，裁判所がその申立てに理由があると認めた場合には，サイト管理者に対して「削除せよ」という命令（決定）を出しくれる手続です。「削除せよ」との仮処分決定が出れば，多くのサイト管理者は削除に応じてくれます。

⑵　削除の困難さ

　まず，サイト管理者への削除依頼には，上述のとおり法的な強制力はないため，削除依頼が無視された，または拒否された場合，それ以上のことはできません。

　次に，裁判所に対する削除仮処分の申立ては，申立てから１カ月程度で仮処分決定が出されることもありますが，サイト管理者（コンテンツプロバイダ）が海外事業者である場合は，裁判所への提出資料（会社謄本など）の準備に相当な時間（数カ月）がかかることになります。費用の面でも，裁判所への担保金として30万円程度がかかるうえ，弁護士費用としてさらに通常30万円程度がかかります。したがって，この方法も，「書き込み」の削除を求める者にとって有用性が高いとはいえません。

3　「書き込み」をした人を特定する方法

⑴　「書き込み」をした人を特定する手続の流れ

　上記１で説明したとおり，ISPは，契約者の住所・電話番号等の情報を保有しています。したがって，「書き込み」をした者を特定するためには，最終的には，ISPから契約者（「書き込み」をした者）の住所・電話番号等の情報を開示してもらう必要があります。

ア　コンテンツ・プロバイダに情報開示を求める

　しかし，あるブログに匿名で書き込みがなされた場合，パソコン画面上の情報からは，どのISPと契約している人が「書き込み」をしたのかはわかりません。そこで，まず，コンテンツ・プロバイダに対し，当該ブログに

アクセスした人のIPアドレス等の情報を開示するよう請求することになります（第1の情報開示請求）。

イ　ISPを割り出す

次に，開示されたIPアドレス等の情報をもとに，当該IPアドレスを管理しているISPを割り出す（探し当てる）ことになります。このIPアドレスに基づくISPの割り出し作業は，インターネット上で無料公開されている「Whois」等のサイトを利用すれば，比較的簡単に行うことができます。

ただし，コンテンツ・プロバイダから開示された情報が，ProxyサーバーやTorサーバー等の匿名化技術を利用したサーバーを経由している場合には，ISPを特定することはできません。

ウ　ISPに情報開示を求める

こうしてISPの割り出しができたら，次に，ISPに対して，当該時刻に当該IPアドレスを割り当てられた人（契約者）の住所・氏名の情報を開示するよう請求します（第2の情報開示請求）。この第2の情報開示請求によって，ようやく，「書き込み」をした者の住所・氏名等の情報を取得できることになります。

⑵　特定の困難さ

上記の第1・第2のいずれの情報開示請求も，ISPやコンテンツ・プロバイダが任意に情報開示に応じくれるとは限らず，そうした場合には，裁判所に対して発信者情報開示仮処分の申立て等を行う必要があります。

しかし，第1および第2の各情報開示請求をそれぞれ裁判手続で行った場合，通常，数カ月の期間を要することになります。また，裁判所への担保金や弁護士費用など合わせて数十万円（少なくとも50万円程度）の費用負担を覚悟しなければなりません。

こうした点から見て，「書き込み」による被害を受けた者にとって，「書き込み」を行った者を特定し，その者に対して責任追及を行うことは容易ではありません。

ヤフーニュースの「コメント」機能における ヘイトスピーチについて

########## ヒアリングの実施とその趣旨

　インターネット上の表現は，その大部分が民間事業者の運営するサービス上で行われることから，民間のプラットフォーム事業者が表現の媒介者として重要な役割を果たしています。当委員会では，シンポジウムの開催に先駆けて，そのようなプラットフォーム事業者のひとつであるYahoo!に対してヒアリングを行いました。

　なお，Yahoo!は，日本語で記載されたオンラインニュースとして最大級の閲覧者数を誇るヤフーニュースを運営しており，同ニュースには閲覧者が自由に書き込み（投稿）を行える「コメント」（一般に「ヤフコメ」と呼ばれるもの）があります。「コメント」においてヘイトスピーチが散見されるため，投稿の実態とYahoo!の対策を知ることがヒアリングの主たる目的でした。

########## 投稿数と「コメント」の意義

　「コメント」には平均して1日当たり約28万件の投稿があります。Yahoo!では，「コメント」が活用されることにより，投稿するユーザーが他者と意見交換し，思考を進めることで社会をより良い方向に進めるきっかけを作ることができ，また，記事を執筆した記者にとっても投稿がフィードバックになるという点において社会的意義があると考えています。

　また，Yahoo!はヘイトスピーチを社会問題として認識する一方で，「コメント」を廃止することにより建設的な議論の機会が奪われ，インターネットが本来持つ肯定的な側面が損なわれることを懸念しており，対策を講じながら「コメント」を維持していくとしています。

########## ヘイトスピーチへの対策

　具体的なヘイトスピーチ対策として，Yahoo!は，投稿ページに禁止事項を表示してユーザーに対して注意喚起している（2019年3月12日に改定された「Yahoo!ニュース　コメントポリシー」においては，禁止されているコメントや行為として「特定の民族や国に対する差別やヘイトスピーチにあたるコメント」が明示されて

いる) ほか，コメント閲覧者からの違反申告を受け付けています。

　また，Yahoo!による自主的なパトロールとして24時間体制で人の目による
チェックが行われる一方で，同一内容の文章を複数のニュースグループや掲示板
に投稿するマルチポストや多数意見に見せかけて扇動するコメント等を削除する
システムを活用しています。

　さらに，悪質なユーザーやカウントの停止やIDの削除も行われています。

———————————————————————— ヘイトスピーチの該当基準

　Yahoo!は，法務省が「ヘイトスピーチに関する実態調査」(2015年度実施) にお
いて言及している3分類 (①特定の民族や国籍に属する集団を一律に排斥する内
容，②特定の民族や国籍に属する集団の生命，身体等に危害を加えるとする内容
および③特定の民族や国籍に属する集団を蔑称で呼ぶなどして殊更に誹謗中傷す
る内容) のいずれかに該当するものについては，典型的なヘイトスピーチとして削
除の対象としています。

　他方，典型例に当たらないコメントに対しても社内の基準に基づいて削除され
ることがありますが，その基準は公表されていません。

———————————————————————————————— 雑感

　当委員会ではいくつかのプラットフォーム事業者にヒアリングを試みたものの，
最終的に実施できたのはYahoo!のみであり，その協力のおかげで貴重な機会が得
られました。

　また，ヒアリングを通してYahoo!からは，ヘイトスピーチを大きな社会問題と
認識しながらも，個別の表現内容に踏み込んで「善い・悪い」という判断をするこ
とに関しては，表現の場を提供するプラットフォーム事業者として極力避けたい
という意識を強く感じました。国ないし業界内での画一的な基準の制定が進まな
い中で，Yahoo!では，表現内容そのものではなく，閲覧する人が不快に感じる表
現方法での表現行為を禁止しているとのことでしたが，典型例に当たらない「コメ
ント」に関しては，ヘイトスピーチに該当するか否かの判断が当・不当の判断を含
むために難しいという本音も聞かれました。

　Yahoo!のそうした悩みは，伝統的な表現の自由の議論が捕捉してこなかった問
題に私たちの社会が直面していることを認識させ，またその対策を否応なしに迫
られているということを気づかせる切実なものでした。

23

基調報告

インターネット上のヘイトスピーチをめぐる法制度の現状と課題

曽我部真裕（京都大学大学院法学研究科教授）

　私のほうからは，この後の議論の前提となるようなところをお話しさせていただければと思います。前半はヘイトスピーチに限らず，違法有害情報に関する法制度，あるいは自主規制を含めたこれまでの在り方についてご紹介をしたうえで，後半でヘイトスピーチ対策についてお話をさせていただきます。

1　インターネット上の違法有害情報対策

　まず初めに，インターネット上の違法有害情報対策については従前，総務省等の検討会での議論を受けて，プロバイダ業界などでも，次のようなフレームワークで考えられております。

　それによると，違法有害情報を違法情報と有害情報とに区別し，さらに，違法情報を権利侵害情報とその他の情報とに分け，有害情報を公序良俗に反する情報と青少年有害情報とに分けているわけです（図参照）。違法情報というのは，法律上違法とされている情報のことであり，有害情報は違法ではないけれども，自殺に関する書き込みなど公序良俗に反するとか，アダルトものなどの青少年に有害な情報のことです。違法情報はさらに権利侵害情報とその他の違法情報とに区別されますが，権利侵害情報とは，典型的には，名誉毀損，プライバシー侵害，著作権侵害等です。これらは違法であり，権利侵害でもあるということです。

　他方，違法だけれども個人の権利侵害とはいえないものもあり，一番典型的なのは，わいせつとか，あるいは違法薬物の広告とか，あるいは児童ポルノ，児童ポルノはちょっと微妙で，個人の権利侵害の側面もあるので

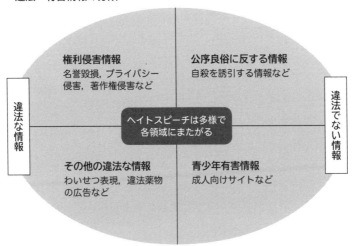

すけれども，それに尽きるものではありません。この点はいわゆるリベンジポルノも同様です。

2 インターネット上の表現規制

(1) インターネットの特徴

　次に，インターネット上の表現規制については特殊性と普遍性といいますか，実社会での表現，活字媒体的な表現と同じ扱いの部分もあれば，特殊な部分もあるということを指摘しておく必要があります。

　まず，オフラインで違法なものはオンラインでも違法，これは古くから言われている標語ですけれども，特に実体法についてはこれが当てはまるということです。しかしながら，実体法がそうであっても，権利救済の在り方，具体的な規制のやり方についてはインターネットの特殊性というのが当然見られるということになります。

　また，特にインターネットにおいては，Yahoo!等を含めた媒介者の役割が非常に重要です。通常，実社会においては，何か問題がある表現がなされたときに責任を追及されるのは，当然ながらその表現を行った者（表現者，発信者）です。ところが，インターネットの場合は発信者の責任を追

及するということが実際問題としてなかなか難しいところがあり，したがって媒介者の役割に対する期待が高まるということです。

そもそも，インターネット上の表現の大部分は民間事業者の運営するサービス上でなされます。そこで，法規制が事業者に義務を課すことを通じてなされることもあるわけです。日本では出会い系サイト規制法がこの種の例ですが，海外ではプラットフォームの責任問題としてより幅広い文脈のもとで議論されています。

それから，事業者による自主的な取組みへの期待もあります。媒介者というのは，自ら違法な表現，あるいは権利侵害をしているわけではないということもありますし，媒介者はどのレベルの表現を削除するかというのはインターネット上の表現，情報流通の在り方全体にかなり大きな影響を及ぼすわけです。巨大なSNS事業者が積極的に削除しだすと，インターネット上での表現の自由は大きく損なわれるわけですので，自主的な取組みに期待されるところですけれども，その取組みの在り方というものに注目せざるをえないということがあります。

(2) 規制の方法
ア 外部からの規制——プロバイダ責任制限法等

次に，インターネット上の有害情報に対する制度的対応の現状についてです。まず，実体法的規制というのは，基本的には実社会におけるものと同様であるとお考え下さい。

次に，先ほど，媒介者による規制の役割が重要と述べましたが，この点でいうとプロバイダ責任制限法（正式名称は，「特定電気通信役務提供者の損害賠償責任の制限及び発信者情報の開示に関する法律」）という法律が重要です。この法律は削除に関する一般法のように受け止められる傾向にありますが，実際にはもっと射程の狭い法律です。すなわち，権利侵害による損害賠償責任についてプロバイダ責任を限定するということでして，まず個人の権利侵害による，しかも損害賠償責任ということが前提になっている。ですから，債務不履行責任ということもありえますが，主に不法行為責任を念頭に置いてプロバイダの責任を限定するということで，民法の特別法であるということになっております。

削除との関係について述べれば，削除をしない場合，一定の場合に損害賠償責任が発生するという可能性がありますので，プロバイダとしてはそれを避けるために削除をするということになるわけですけれども，プロバイダ責任制限法自体が削除義務を定めているわけではないということを申し上げたいと思います。ただ，インターネットによる権利侵害については削除というのが基本的な救済方法になっておりまして，削除をどういう場合にするのかというのが重要な関心事です。

　今見ましたように，プロバイダ責任制限法は削除請求の根拠にはならないわけで，あくまで，削除をした場合あるいはせずに放置した場合に生じうる可能性のある損害賠償責任に限定をかけるもので，削除の法的根拠については別のところで定まります。削除の法的根拠としては，人格権（名誉権，プライバシー権など），それからいわゆる条理に基づいて削除義務が発生する場合もありますが，約款ないし規約に基づいて削除する場合というのも実際には重要です。このように，削除する場合の法的な根拠というのは複数あるわけです。なお，出会い系サイト規制法という法律がありますけれども，これは日本の法律としては例外的に，直接法律が削除を命じているというものです。

　それから，行政機関による取組みについてです。人権侵害一般については法務省の人権擁護機関（人権擁護局や各地の法務局）による活動がありまして，インターネット上の人権侵害に対しても勧告がなされたり，啓発教育等の取組みがなされているということがありますが，これは後ほどまたご紹介があるかと思いますので，これ以上立ち入らないことといたします。

イ　自主的な規制①──ホットライン

　以上は，法令や行政機関による取組みについてでしたが，インターネット上の違法有害情報対策については，自主規制の枠組みというのがありまして，これは特に法律上の枠組みはないものの，かなり確固とした仕組みができ上がっています。

　まず著名なものとして，インターネット・ホットラインセンターというものがあります。これは警察庁が委託して民間団体（Yahoo!を中心に設立されたセーファーインターネット協会）が運営をしているもので，違法情報について一般のユーザーからの通報を受け付けて，基準に照らして違法であれ

ば発信者やプロバイダに削除を要請するというスキームです。それから，同じくセーファーインターネット協会が運営しているセーフラインというのもホットラインでありまして，一般ユーザーからの通報を受け付けるものです。ホットラインセンターとセーフラインの違いがわかりにくいのですけれども，ホットラインセンターのほうは違法情報を対象にしているのに対し，セーフラインについてはこれに加えて一定の有害情報を対象としているという違いがあります。

　インターネット・ホットラインセンターの話に戻りますが，具体的な仕組みについて簡単に紹介いたします。まずユーザーからホットラインセンターに違法情報の情報提供，俗にいう通報がなされます。通報を受けると，ホットラインセンターが自ら定めた判断基準がありますので，それに照らして本当に違法情報に当たるのかどうかというのを判断し，違法情報だと判断した場合は，たとえば削除依頼をするとか，あるいは場合によっては警察に通報するとか，そういう対策をとるということになっています。実際にはどのような通報が多いのかということですが，圧倒的に多いのはわいせつです。それから児童ポルノ，売春目的等の誘引，それから規制薬物の広告，こういったものが多いということになります。

　他方で，ホットラインセンターは個人の権利侵害に関する通報は受け付けていません。したがって，冒頭のお話でいうと，違法情報のうち権利侵害でないもの，これを受け付けるのがホットラインセンターであるということです。それからセーフラインのほうは有害情報の通報を受け付けており，いじめの勧誘，遺体や殺害行為の画像等，それから自殺誘引等の情報とか，違法行為を直接かつ明示的に請負，仲介，誘引等をする情報とか，違法情報に該当する疑いが相当程度に認められる情報，リベンジポルノなどを対象にしているということです。

ウ　自主的な規制②——モデル約款等

　最後に，業界団体による取組みとしてもう1つご紹介したいのは，「違法・有害情報への対応等に関する契約約款モデル条項」です。これは通信関係の4団体で作られているモデル約款ですけれども，ここでは，どのような情報を削除対象にするのかということについて，モデル的に示されています。

このモデル約款は通信関係4団体が設置した連絡会議というところの取組みですので，国内事業者が参加しているというのが基本で，海外事業者についてはおそらく参加されていないのではないかと思いますので注意が必要です。また，ヘイトスピーチについてはヘイトスピーチ解消法の成立を受けて，モデル約款そのものではなく，その解説が修正され，一定の配慮が示されていますが，これは後ほどまたご紹介していきます。

なお，自主的な取組みとしては，もちろん各社の取組みというものがあります。

3　インターネット上のヘイトスピーチ対策

次に後半として，インターネット上のヘイトスピーチ対策についてお話ししていきます。

まず，対策としては，ヘイトスピーチ解消法が著名なわけですけれども，解消法そのものにはインターネットに関する規制というのはないわけです。日本の現行法上，インターネットに限らず，ヘイトスピーチに特化した強制的な規制はありません（他の法律が一定の範囲でヘイトスピーチに適用されることはもちろんあります）。ただし，後に触れるように，一部自治体で罰則を伴う条例の制定が検討されているほか，先ほど申し上げたように，ヘイトスピーチ解消法成立を受けてモデル約款の解説が改正されました。

モデル条項自体の1条3号にはユーザーに対する禁止事項として，「他者を不当に差別，もしくは誹謗中傷，侮辱し，他者への不当な差別を助長して，またその名誉もしくは信用を毀損する行為」が定められています。従来，これにヘイトスピーチが含まれるかどうかがはっきりしなかったところがあったわけですが，解消法成立後，モデル条項の解説が改正され，今紹介した禁止事項に，解消法にいう「本邦外出身者に対する不当に差別的言動」，いわゆるヘイトスピーチが含まれると明記されたということになります。

⑴　大阪市のヘイトスピーチ対処条例

それから，ヘイトスピーチ解消法と同じ2015年，同法よりも若干先立っ

て制定された大阪市のヘイトスピーチ対処条例（正式名称は「大阪市ヘイトスピーチへの対処に関する条例」）というのがありまして，こちらのほうはより強い措置を定めております。大阪市内でヘイトスピーチが行われた場合に，有識者からなるヘイトスピーチ審査会で審査を行い，ヘイトスピーチに該当するとした場合に，市が拡散防止措置をとったり，市の認識等の公表を行ったりするものです。それによって市民の問題意識を高め，間接的にはそういう社会的非難を喚起して，制裁的効果も事実上あるだろうということで設けられた仕組みになります。

　これは特定の表現をヘイトスピーチに当たると認定するものですので，表現の自由との関係から，行政の一存で判断すべきではなく，慎重に審査を行うため，ヘイトスピーチ審査会というのが設けられています。この審査会は，法律学者や弁護士で構成されているわけですけれども，こちらのほうで審査をして，条例で示されたヘイトスピーチの定義に当たるかどうかを判断します。ヘイトスピーチの定義は条例の中に示されており，解消法の不当な差別的言動の定義とは異なります。条例による定義は次のようなものです（2条1項）。

　第2条　この条例において「ヘイトスピーチ」とは，次に掲げる要件のいずれにも該当する表現活動をいう。
　(1)　次のいずれかを目的として行われるものであること（ウについては，当該目的が明らかに認められるものであること）
　　ア　人種若しくは民族に係る特定の属性を有する個人又は当該個人により構成される集団（以下「特定人等」という。）を社会から排除すること
　　イ　特定人等の権利又は自由を制限すること
　　ウ　特定人等に対する憎悪若しくは差別の意識又は暴力をあおること
　(2)　表現の内容又は表現活動の態様が次のいずれかに該当すること
　　ア　特定人等を相当程度侮蔑し又は誹謗中傷するものであること
　　イ　特定人等（当該特定人等が集団であるときは，当該集団に属する個人の相当数）に脅威を感じさせるものであること

(3) 不特定多数の者が表現の内容を知り得る状態に置くような場所又は方法で行われるものであること

⑵ 東京都のオリンピック憲章条例

2018年に制定された東京都のオリンピック憲章条例（正式名称は「東京都オリンピック憲章にうたわれる人権尊重の理念の実現を目指す条例」）でも，大阪市条例と同様の仕組みが取り入れられています。大阪市の場合がヘイトスピーチに特化した条例であるのに対し，東京都の場合はより幅広い内容であってLGBTの関係の規定なども入っているわけですけれども，この中にヘイトスピーチに対処するための規定も含まれているわけです。

すなわち，第3章の標題が，「本邦外出身者に対する不当の差別的言動の解消に向けた取り組みの推進」というもので，主に3点が定められています。1つは啓発等の推進（10条），第2に公園や市民会館等の「公の施設」の使用制限について基準を定めるべきこと（11条），第3が拡散防止措置および事案の概要等の公表（12条）ということで，これが大阪市の仕組みと同様のものです。審査会も設けることとし（13条から17条），これは大阪市条例の仕組みをほぼ取り入れたものだと理解できます。ただし，大阪市の場合はヘイトスピーチの定義を独自に行っていますけれども，東京都条例は解消法の不当な差別的言動という定義を使っているという点が違います。

⑶ そのほかの条例

なお，2019年になって川崎市や相模原市がヘイトスピーチに関する条例を制定する方針を示しており，これには罰則を設けることが目指されているということです。

4 違法有害情報におけるヘイトスピーチの位置づけ

次の話ですけれども，冒頭申し上げた違法有害情報の類型論との関係についてです。この類型論でいうと，ヘイトスピーチはどこに当たるのかという話であります。実は，この問題はなかなか難しいところがあります。というのは，ヘイトスピーチは非常に多様でありますし，文脈に依存する

インターネット上のヘイトスピーチをめぐる法制度の現状と課題 | 31

ところもあります。場合によっては権利侵害情報に当たることもあれば，そうでないという場合もあるわけです。権利侵害情報に当たる場合には，プロバイダ責任制限法との関係も含めて名誉毀損と同様の扱いになるだろうということになります。

　他方，権利侵害情報でないヘイトスピーチもあるわけですが，この場合はより難しくて，現状，解消法が明確にヘイトスピーチは違法だとしているわけではないということもあって，違法情報とまではいえないのではないかということになります。また，法的な削除義務もないということです。他方で，規約に基づく削除というのは，これは違法でなくても削除できますので，Yahoo!でも一定のものは削除しているということでした。先ほど言及したモデル条項にも，解説とあわせて見ればヘイトスピーチを削除できることになっています。

5　今後の課題

⑴　事業者の取組みの強化

　以上が現在の状況でありまして，次に，今後の課題ということなのですけれども，まず事業者の取組みの強化というのは引き続き求められるのだろうと思います。特に規約に基づいて削除することについては，より効率的に，また，精緻に進めることが求められます。

　たとえば，AIの活用も考えられるようにも思いますが，今の段階ではAIを活用してヘイトスピーチか否かを自動的に判断して削除するのは難しいのではないかともいわれております。ヘイトスピーチは先ほど言いましたとおり文脈に依存するところがあるので，単純に言葉遣いだけを見てヘイトスピーチに当たるとか当たらないというのを判断するのは難しいということだろうと思います。

⑵　権利侵害の救済制度の強化

　その他の課題として，権利侵害の救済制度の強化が求められます。これは2018年に非常に話題になった著作権侵害の海賊版サイトのブロッキング問題の背景として，要するに現行の権利侵害に関連して，特に海外事業

者が関係する場合に，権利救済の仕組みが必ずしも実効的ではないのではないかということがありました。そこで，海外事業者に削除請求をしたり，摘発することが難しいために，いわばより安直に，ブロッキングが主張されたという部分もあるように思います。

この問題とヘイトスピーチ対策には共通の背景があり，海外事業者の関わるインターネット上の権利侵害全体について，もう少し実効的な救済制度というのがあるのかどうかを考えていく必要があるのだろうと思います。このことがヘイトスピーチ対策にもつながるはずです。

⑶　不当な差別的言動の違法化

また，不当な差別的言動の違法化についても検討課題です。現在の解消法には，不当な差別的言動が違法かどうかについて，明文規定がありません。この点を明記すると，ヘイトスピーチも違法情報であるということが明確になり，ホットラインセンターによる取組みにもつながるのではないかと思われます。

⑷　社会的コンセンサスの醸成

今後の課題として最後に，ヘイトスピーチの問題性についての社会的コンセンサスの醸成がやはり重要だろうと思います。ヘイトスピーチの問題の深刻さというのが社会全体にどれぐらい共有されているのか，ということです。もちろんマイノリティ当事者の方々は当然深刻さというのはよくおわかりなわけですけれども，政治家等のより影響力のある人々も含め，当事者でない人々にどれだけ問題意識をもってもらうかということが重要だろうと思います。

この問題は，2019年に入管法が改正されまして，外国人が今後ますます増えていくという見通しとの関係でも重要です。社会学者の樋口直人先生が『日本型排外主義』(名古屋大学出版会，2014年)の中で，日本の排外主義というのは非常に独特の背景，形態をとっているという分析をされているわけですけれども，今後，外国人がどんどん増えていくと，ヨーロッパやアメリカですでに問題となっているような普通の排外主義も出てくるのではないかとも思われ，ヘイトスピーチ問題もさらに複雑な，あるいは深

刻な問題になっていくのだろうというふうに予想されます。この問題は，ひとりヘイトスピーチ対策という文脈だけではなく，外国人との共生，さらには日本人であると外国人であるとを問わず，個人個人を尊重できる社会をいかにして築き上げていくのかという大きな問題につながっていくものです。

報告

インターネット上の
ヘイトスピーチ被害の深刻さ

師岡康子（東京弁護士会）

1　ヘイトスピーチとは何か

　最初に，インターネット上のヘイトスピーチ被害の前提として，ヘイトスピーチとは何かということをお話ししたいと思います。というのは，ヘイトスピーチというのは表現の自由かヘイトスピーチ規制かという話ではなくて，差別の問題なんだという本質を押さえていただき，そのうえでインターネット上のヘイトスピーチという問題を理解していただきたいからです。いずれも被害者の代理人の立場からお話をしたいと思います。

　まず，本質的にヘイトスピーチは，歴史的，構造的に差別されてきた，それぞれの社会におけるマイノリティの集団や個人に対する攻撃で，それも言動による攻撃だということです。ヘイトスピーチ問題だけを取り出すのでは，マイノリティが差別によって日常的にどういう生活を強いられているのかというのはわかりません。

　法務省が2016年秋に，国として初めて行った外国籍住民に対するアンケート調査結果によると，この5年間で外国籍住民が経験した差別の内容として，入居差別が4割，就職差別が4人に1人，直接侮蔑的なことを言われたことがある人が3割という結果が出ています（公益財団法人人権教育啓発推進センター「外国人住民調査報告書〔訂正版〕」平成29〔2017〕年6月〔以下，法務省調査報告〕より）。誰に侮蔑的なことを言われたかを見ていくと，外国籍の人たちがいったい日本でどういう日常生活を強いられているのかということがわかります。

　法務省調査報告を見てもらうと，一番多いのは見知らぬ人なんですけれども，これは街中でのヘイト街宣だけでなく，駅やすれ違いざまに特に外

35

【あなたは日本で過去5年の間に、外国人であることを理由に侮辱されるなど差別的なことを直接言われたことがありますか？】

n=4252

		人数(割合)
1	よくある	115 (2.7%)
2	たまにある	1154 (27.1%)
3	ない	2836 (66.7%)
	無回答・不明	147 (3.5%)
	合計	4252(100.0%)

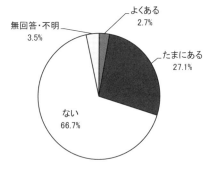

【(「よくある」「たまにある」と答えた方) 誰から言われましたか？（複数回答）】

n=1269

		人数(割合)
1	日本人のパートナー(恋人や結婚相手)	85 (6.7%)
2	日本人のパートナーの親族	87 (6.9%)
3	職場の上司や同僚・部下、取引先	482(38.0%)
4	学校の教師や生徒、生徒の保護者	133(10.5%)
5	日本人の知人・友人	157(12.4%)
6	近隣の住民	245(19.3%)
7	公務員や公共交通機関の職員	164(12.9%)
8	店・レストランの従業員	201(15.8%)
9	見知らぬ人	676(53.3%)
10	その他	112 (8.8%)
	無回答	11 (0.9%)

見上外国人とみられる場合に見知らぬ人から声をかけられる場合が多いでしょう。マジョリティの私たちがこういう目に遭うということはほとんどないですね。そのほか，近隣の住民からも，公務員からも，職場の上司や同僚からも，学校の教師からも，お店でも。このような生活のあらゆる場面でいろいろな差別的な取扱いを受けたり，こういう言動による攻撃を受け，いつそのような攻撃を受けるかと脅えながら生活しているということがわかります。さまざまな差別的取扱いを受けて苦しむ外国籍者に対し，民族などの属性を理由として貶め，社会の一員として認めないと宣言し，だから差別的扱いを受けて当然なんだと相手に突きつけるヘイトスピーチが，どれだけのマイノリティに言葉の刃によるダメージを与えるかという

ことがこの問題の出発点となるべきだと思います。

2　ヘイトスピーチはどのような害悪をもたらすのか

⑴　当事者が被る害悪

　ヘイトスピーチの問題で一番大事なのが，どのような害悪をもたらすかということです。ヘイトスピーチの害悪として2つあると思います。1つは今お話しした，直接ターゲットとされているマイノリティの人たちがどういう被害を受けるかということです。これに関して，特にインターネット上の被害については，それを見なければ被害を避けられるのではないかという議論もずっと続いています。

　この点について，法務省調査報告の「インターネット上の利用について」を見てみましょう（本書9頁）。普段，インターネットを使っている外国籍者に対し，差別的な書き込みを見たことがありますかという質問に対しては，あるが4割になります。差別的な書き込みが目に入るのが嫌で，インターネットのサイトの利用を控えていますかという質問に対しては，あるが2割となっています。マジョリティならインターネットの利用の際，自分の属性を攻撃されないよういつも警戒しなければならないという経験をしません。

　さらに，社会学者の韓東賢さんによれば，利用を控えたことがあるという人たちを国籍別に見ると，中国籍で21.9%，韓国籍で37%，さらに朝鮮籍では47.8%，5割の人がこういう経験があるということです[1]。つまり，見なければいいじゃないかというのは，差別を避けるために特定のマイノリティの人たちがインターネットを利用できなくていいということを意味します。すなわち，特定のマイノリティの人たちの知る権利を事実上侵害しているわけです。マジョリティならこのような不利益を経験しなくて済むわけで，差別による実害が生じています。

　さらに具体的に言うと，2017年12月1日付神奈川新聞に「〈時代の正体〉さらばツイッター　ある在日コリアンの決別宣言」という記事があるんで

---

1)　法務省調査報告の集計表の詳細な内訳（ttp://www.moj.go.jp/JINKEN/jinken04_00101.htmlからダウンロード可）をもとに，実数で再計算したもの。

すが，これは自分の実名を出してヘイトスピーチに抗議をしてきた在日コリアン３世の崔江以子さんが，Twitterをはじめとするインターネット上のヘイトスピーチを受け続け，結局Twitterから撤退せざるをえなくなったという内容です。毎日毎日，「絞め殺せ」「死ね」などの新しい匿名の攻撃的なツイートが書き込まれて，まわりの誰が自分のことを攻撃しているのかもわからない。そのような恐怖で心身が傷つき，結局Twitterをやめざるをえなかった。見なければいいというのは，そういうことを差別されている側に強いているわけです。

　それによってTwitterを使った表現の自由も制限されてしまいます。ヘイトスピーチ規制というと，表現の自由が制限されて問題だとの主張がありますが，ヘイトスピーチを放置している現状が，実はマイノリティの人たちの表現の自由を制限し，社会から排除している状態なのだということを，まず私たちは知らなければいけないと思います。

　ヘイトスピーチにより，マイノリティの人たちが平穏な日常生活を送れなくなり，インターネットを見ることもできなくなり，吐き気，不眠，難聴など心身に不調をきたし，自傷行為や自死にまで至った例を私は直接聞いています。将来に絶望し，国籍を変える，一生民族を隠すと決意する子どもたちもいます。それだけ人を，人間の尊厳を貶めることが，表現の自由として行われてしまっているということです。

⑵　社会全体に与える害悪

　それからもう１つの害悪として，社会全体に与える害悪があります。ヘイトスピーチによって，差別が社会の常識になってしまう，差別が社会に浸透してしまう。たとえば，朝鮮人には「殺せ」などと言っていいと。実際，現実を見ると，特にインターネット上で確かにヘイトスピーチは言ってもいいことになってしまっています。毎日毎日大量の新しいヘイトスピーチが書き込まれています。

　次頁の図を見てください。憎悪のピラミッドといって，アメリカの授業でも使われているものです。ヘイトスピーチはピラミッド中央の「差別」にあたりますが，差別がだんだん広がっていってしまうと，それが差別対象への直接的な暴力になり，また最終的には特定の属性を有する人たちへ

の大量虐殺（ジェノサイド）や戦争につながることを示しています。ナチスによるユダヤ人などに対する大量虐殺への歴史的な反省が国際社会にはあり，ネオナチ旋風への危機感から1965年に人種差別撤廃条約が作られました。ヘイトスピーチはとりわけ，差別の形態の中でも差別を拡大す

る，暴力に直結するもので，危険だから刑事規制しなければいけないんだというのがこの条約の肝です。

　実際に日本でも歴史的に見れば，1923年の関東大震災における朝鮮人・中国人虐殺があり，その前提として朝鮮人・中国人を侮蔑し恐ろしい人たちとみなすヘイトスピーチが蔓延していました。また，昔の話だけではなく，つい最近もたとえば2011年の東日本大震災の際，「中国人の窃盗団が被災地を歩き回っている」という偏見に基づく根拠のない噂，ヘイトデマが流れました。後日，東北学院大学の郭基煥さんが調べたところ，それを聞いた8割以上の人が信じたという結果が出ています[2]。そして，実際に行動に出た自警団の人たちがいたんですね。中国人窃盗団をやっつけようと，集団で鉄の棒を持って見回って，「いたら殺してしまえ」と。「震災だし，そこら辺に埋めておけば気がつかれないだろう」と。現在も，インターネットで検索すると，大量に当時のヘイトデマと自警団を作った人たちが自ら投稿した動画が残っています。

　また，2002年9月の日朝首脳会談から始まった煽情的な拉致報道を契機に，朝鮮学校の子どもたちに対するヘイトスピーチ，ヘイトクライムが全国で1000件ほど起きました。当時，各地の弁護士が協力して調査しました。概ね事件の4分の3が「朝鮮へ帰れ」などの暴言，4分の1は，チマ・チョゴリ切りとか，階段から突き落とす，唾を吐きかけるなどの直接的な，

---

[2]　「東日本大震災：震災後のデマ『信じた』8割超す　東北学院大，仙台市民調査」2017年3月13日付毎日新聞東京朝刊。

物理的な暴力でした。

　2002年当時はまだインターネットがそこまで普及していませんでしたが、インターネットは瞬発力があって大量に広がるわけですから、普及した今だったらそのような暴力へ転化する危険性が拡大していると思います。実際に在日コリアンに対するヘイトクライムはじわじわ増えつつあり、2018年２月には朝鮮総連中央本部に対する銃撃事件、2019年８月には韓国大使館への銃弾入り脅迫状事件まで起きているわけです。

3　どのような法規制が必要なのか

　以上述べてきたヘイトスピーチの危険性、２つの害悪が、法規制を考えるときの出発点になるべきだと思います。この２つの害悪の認識は国際的には常識です。だからこそ、国際人権法上においては、これは禁止しなければいけない、とりわけ深刻なものについては刑事規制をして、すぐに強制的に止めないと、社会の雰囲気がマイノリティに何をやってもいいというところまで行ってしまったらもう止められないというのが、歴史的な総括として出ているわけです。

　実際、日本も1995年に、成立から30年遅れですけれども人種差別撤廃条約に加入しましたので、あらゆる差別を禁止し、終了させる義務を負っているわけですね（２条）。ですので、ヘイトスピーチも含め、すべての差別を禁止する差別禁止法を設けるべきなのですが、加入から20年以上経った現在に至るも差別禁止法はありません。ヘイトスピーチについては、2016年に解消法ができたのは一歩前進ではありますが、前文で「許されない」と宣言しているだけで、はっきり禁止していません。まだまだマイノリティの被害も、そして社会的な害悪も止められていないというのが現状です。

4　ヘイトスピーチ解消法の問題点

⑴　制裁規定も救済手続もない
　ヘイトスピーチ解消法には明確な禁止規定がなく、制裁規定も救済手続

もないという問題があります。

　救済については，特定の人（たち）に対するものについては現行法でたとえば名誉毀損罪とか脅迫罪，または民法上の不法行為として裁判で闘えばいいではないかという意見もありますが，それは当事者にとって非常な困難を強いるものです。

　一般的に，裁判は簡単にできるものではありません。それがさらに対等な人間同士のトラブルではなく，自分の属性を理由として同じ人間としてみなさずに攻撃している相手に対し，数年間もかけて，ずっとその加害者と自分の被害と向き合う苦痛のみならず，裁判をやることによって新たに攻撃されるなど二次被害も受けてやれということが，どれだけ自分の無意識のマジョリティ性に基づく不遜なものかということは，私たちは自覚するべきだと思います。また，単なる権利侵害（不法行為）ではなく，差別を受けたことを証明するのはハードルが高いです。

　ですので，ほとんどの差別の被害者は泣き寝入りしています。たとえば入居差別は4割の人が経験していることを先ほどご紹介しましたけれども，それだけ多くの人が経験しているのに，日本で今まで入居差別の裁判をやった人がどれだけいるかということなんですよね。私が知る限り数件です。それらの事件の判決で，権利侵害としては概ね認められていますが，全部が差別として認定されてはいません。差別禁止法がないので，訴えた側がすべて差別であることを主張立証しなければならないし，不動産屋さんにおける言葉のやりとりは通常記録に残らないので，証明は困難です。

　それから不特定の人に対する場合には，現行法上での対処というと，活用できる法律はないに等しいです。だから，まったく野放し状態です。

⑵　インターネット上のヘイトスピーチに対する規定がない

　そして，デモや街宣などの場合であれば，ヘイトスピーチをやっている人たちが目に見えるわけですけれども，インターネットの場合は，非常に卑怯なことに，ほとんどの人は匿名で攻撃してくるので，まず，その人を特定するための裁判をやらなければなりません。また，インターネットの特殊性として，書き込んだ行為者以外にもさまざまな関係者——書き込んだ先の掲示板もしくはブログなどの管理人，サービスを提供している運営

会社，インターネット接続会社など——がいます。さらに，しばしば書き込みが転載されるのですが，その場合は転載先でまたそれぞれにコンテンツ運営会社やインターネット接続会社があり，これらの業者は，Twitter，Facebook，Googleなどのように海外に本社がある場合も多いです。多くの場合，書き込んだ人の一存では書き込みを消すことができません。ヘイト書き込みを完全に消すためには，これら全部の関係者を特定し，それぞれに対して裁判をやらなければいけないということにもなるわけです。

　それから，刑事告訴をする場合でも，たとえばインターネット上で匿名で脅迫，名誉毀損などがなされた場合には，相手が誰かというのを特定しなければ処罰できません。本人が特定するには前述の民事上のさまざまな裁判手続を起こさなければなりません。警察が特定しようとしても，特に海外の業者の場合には，刑事共助条約等に則って業者の本社がある国の捜査機関の協力が必要となり，簡単には調べることができません。実際にTwitter上で攻撃されてきた崔江以子さんの場合，警察に脅迫罪で告訴した後，米Twitter本社からの特定のための情報を警察が入手するまで1年以上もかかりました。その間も毎週毎週，インターネット上で攻撃され被害が拡大しているのにそれを止められない，警察も相手を特定できないというような状態が続きました。

　崔江以子さんの例を紹介しましたのは，崔さんは名前を出して差別に反対し，テレビなどで報道されたことにより，特に女性であったこともあり，差別主義者たちのターゲットになり，集中的にインターネット内外で差別主義者たちに攻撃され続けているからです。今でも崔さんの名前でインターネットで検索すると，一個人としてありえない何百万件もの書き込みが出てきます。それは崔さん個人の被害にとどまらず，崔さんがそのような被害に遭うことにより，同じ属性を持つ在日の人たちが差別されても我慢しようとか，差別されないよう自分のアイデンティティを一生隠していこうなどと追い込まれる状況をもたらしています。崔さんの問題は個人の問題ではなく，マイノリティ全体にかけられた攻撃と言えると思います。

　具体的にインターネット上のヘイトスピーチについて取り組む場合に，どんな困難があるかということについては，パネルディスカッションでご紹介したいと思います。

報告

ドイツを中心としたヨーロッパ諸外国における SNS 上のヘイトスピーチ対策

金尚均（龍谷大学法学部教授）

　私は，ドイツを中心とした最近のヨーロッパの取組みについてお話しさせていただきたいと思います。見られた人がいるかもしれませんけれども，2017年にNHKのニュースで，ドイツにおいてソーシャルメディアに対する法執行を強化する旨の報道がありました。とりわけSNS上の刑事規制されているヘイトスピーチとフェイクニュースを取り締まる法案が提出されるのではないかという報道がございました。

1　日本の現状

(1)　表現の自由とは

　まず前提の話として，いわゆる現実世界での表現の自由については，京都大学の毛利透先生が『表現の自由——その公共性ともろさについて』（岩波書店，2008年）という本の中で，普通，一般の人々にとって，表現の自由という憲法上の基本的人権の侵害が具体的に問題になるということはほとんどないとされています。ちょっと語弊があるかもしれませんけれども，表現の自由というものがいわゆる国家との関係で激しく衝突する，緊張するということが，非常に限られた人の問題として位置づけられているわけです。つまり，駅前や路上などの公然の場で自己の意見表明をする人は稀である。だから表現の自由は少数者のための権利であり，それは民主主義の実現でもあることから憲法により厚く保護されなければならないと考えられています。つまり国家権力という強大な力との関係で，少数の市民の意見表明は壊れやすい／壊されやすいものと理解されています。

　これに対して，皆さんご自分で実感されることがあるかと思いますが，

43

インターネットの世界では様相を異にします。誰もがメディアを利用して公然と情報を提供する，つまり意見表明をすることができるわけですね。大手メディアに頼ることなく，比較的安価な費用で情報発信ができるのです。まさに究極の表現の自由の世界が実現しているわけです。表現の自由はそもそも私たちの社会の中で，社会の決定制度としての民主主義をより充実化・実質化させるためになくてはならない不可欠な権利です。そういった意味で，表現の自由はまさに私たちの社会における民主主義の実現度のバロメーターと言っても過言ではないわけです。表現の自由の保障なしに民主主義を唱えても，それは絵に描いた餅にすぎません。その意味で，インターネットの普及は表現の自由という権利を多くの人々が行使できるようにし，これによって民主主義の実質化に寄与すると考えても間違いではありません。実際にインターネットというコミュニケーションツールが民主主義をより充実化させるのではないかと期待されました。

⑵　SNSにおけるヘイトスピーチの蔓延

　しかし，1995年以降，日本でインターネットが急速に普及し，そして2007年以降，とりわけSNS（ソーシャル・ネットワーキング・サービス）というものが急速に発展してからというもの，ヘイトスピーチに象徴されるような特定の集団の人々に対する誹謗中傷ないし差別的言動といったものが極めて簡単に発信され，拡散されているのが目立つようになってきました。しかも，フェイクニュース（「在日は税金を払わなくてもいい」「生活保護を優先的に受給できる」など）がインターネット上に散乱し，これが拡散することで，少なくない人々が――場合によっては，もともとあった小さな差別意識を持っていた人々が――，いわば正義の味方として，または「差別される側にも差別される理由がある」と勝手な自己正当化をして，ヘイトスピーチを発することが際立っております。しばしばフェイクニュースにより不満や憎悪を掻き立てられ，誤って「被害者感情」を抱くことで，正当な抗議を装ってヘイトスピーチを発するのです。その意味で両者は密接に連動しています。

　これにより，逆に私たちの社会において，特定の人々をターゲットにして社会の「敵」扱いし，分断または排除を扇動するような動きが顕著になっ

てきました。インターネット上の表現が民主社会を充実化させるという積極的な側面とは裏腹に，フェイクニュースによる情報操作と社会の誤導，そしてこれに基づくヘイトスピーチによる社会の分断と排除という，民主主義社会にとってその危害の規模などが未知の危険，つまり社会的リスクとして浮かび上がってきたという事情があります。

⑶　インターネットの特殊性──被害の継続

　インターネットの特殊な問題性は，情報の速報性，情報普及の広域性と拡散性，そしてなによりも消去困難性などにあります。これらの特殊性は，インターネット上の情報による世論形成や憎悪の蔓延（正当化）の原因ともなります。フェイクニュースの拡散の過程で，人々が「信じたい事実」に接することで，フェイクニュースが社会に広がるのです。フェイクニュースが人々の「本音」と結びつき，不安や不平を持つ人々または自分にある差別意識など「本音」とされるものをすくい上げるわけです。だから彼らは「ネットには真実がある」と言うわけですが，それは真実ではなく，単に自分にとって「気持ちのよい」情報にすぎません。しかし，気をつけなければいけないのは，ここでは「気持ちのいい」情報が真実に転化しうることです。

　つまりフェイクニュースが真実を駆逐してしまうのです。このことは，インターネット上の情報の削除困難性によるところが大いにあります。たとえば，現実の世界では，目前の火事に対して，自分で水で消すことができるわけです。しかし，インターネットでは，違法有害情報が現前にある，コンピューターの前にあっても，それを消すことが自分ではできず，火が燃え広がり続けるように，情報が拡散し続けるのです。しかもプロバイダは，自分たちは情報交流の場・プラットフォームを提供しているだけだというふうに開き直るわけです。

　そうすると何が起こるかというと，違法有害情報やヘイトスピーチが拡散して，これによりその被害者の名誉などの人格権をはじめとする権利侵害が拡張し，被害が継続するわけです。先ほど師岡弁護士が言われた，いわゆる被害者自身による権利救済のための民事訴訟をした場合であったとしても，訴訟係属中もずっとその表現・情報はインターネット上で公然

と閲覧可能な状態にあるわけです。被害者からすると，このことはまさに
ずっと法益侵害が拡張し，被害が継続していることを意味します。つまり
侵害と被害が終わらないのです。これが典型的に，リアルな世界における
表現による侵害と，バーチャルの世界における侵害の大きな違いでありま
す。

2　インターネット上のヘイトスピーチ規制

(1)　規制の方法
　それではどのようにインターネット上のヘイトスピーチを規制すべきな
のでしょうか。いわゆる規制方法の問題ですけれども，大きく言いますと
4つございます。
　　①　自律的モデル──言論の自由市場やカウンタースピーチによる劣悪
　　　な情報の駆逐＝マジョリティによる言い逃れ？
　　②　法的制裁モデル──裁判手続による加害者に対する制裁＝掲載者の
　　　匿名化・グローバル化による確定の困難さ
　　③　国家機関によるインターネット監督・監視モデル──メディアの自
　　　由・自立に反する
　　④　サービスプロバイダ・プラットフォーム事業者規制モデル──削除・
　　　ブロッキングなど
　このうち法的制裁モデルは従来からあるものですが，従来の裁判による
事後救済がどれだけインターネットにおける情報に関して予防効果を持つ
のでしょうか。そして被害者救済に役立っているのでしょうか。また被害
者にとって何が一番関心事なのでしょうか。
　被害者にとっての関心事は，いっときも早く自分に関連する違法な情報
を消してほしい，見られなくしてほしいということです。法益侵害の拡散
を止めてほしいわけです。それが従来的な手法による救済では不可能に
なっているのではないかということです。ですから，国法による拘束的な
規制モデルということで，SNS事業者に対してコンプライアンスとして削
除なしはブロッキングするための制度の構築とその義務づけを求めるとい
うことが，私の今日のお話の主題となります。

⑵　日本の対応

　今日，インターネット上では誰もがマスコミの担い手・情報発信者になりうるわけです。ユーチューバーと呼ばれる人たちがいますけれども，そういった方々はインターネットというツールがなければ，駅前でパフォーマンスすることはできたとしても，それを日本中ないし世界中に大規模に広めるということはおそらくできなかったと思います。そういったことができる人は一部の芸能人などと考えていいかと思います。そういった中で誰もがマスコミの担い手になって，名もなきマスコミの登場，いわゆるマスコミ参入のボーダーレス化というものが起こっているわけです。

　大量の情報提供者の出現，情報の瞬時的な拡散そしてプラットフォームに集い情報の内容を誇張する可能性があることを前提にしつつ繰り返しますと，被害者はコンピューターの画面に侵害情報があるにもかかわらずそれが削除できず，放置され，これによって侵害が拡散し被害が継続するというのが，インターネット上の言動による法益侵害と被害の特徴です。とりわけヘイトスピーチの害悪に関連して言うならば，特定の属性を理由に，その集団ないしは個人に対して，差別的言動ないしは排除的な言動が行われるわけです。それは，個人の尊重以前の，いわゆる人間の尊厳の侵害です。それを保護する第一歩となるのは，日本で言いますと，ヘイトスピーチ解消法，障害者差別禁止法，また部落差別解消推進法になると思われます。

⑶　ドイツにおける規制
ア　ネットワーク上の法執行改善法の成立

　本題でありますヨーロッパの動きに言及しますと，2015年にドイツはSNS対策として，まず法務省がFacebook社やTwitter社に対して，違法コンテンツを迅速に審査し，削除しなさいというタスクフォースを課したわけです。これがヨーロッパにおける規制の発端です。それに続いて，欧州委員会が同じくFacebook社やTwitter社に対して違法なヘイトスピーチの削除の要請があった場合，その大半を24時間以内に審査し，必要があれば削除ないしはブロッキングすることで合意をしました。

しかし，このタスクフォースだけでは十分に奏功しなかったという事情がございました。そういった中で，2017年ドイツでは，削除またはブロッキング作業と，そのための体制整備をSNS事業者に求め，その義務懈怠に対する制裁として，代表者に約6億円，そして法人に約60億円を上限として過料を課す法律を制定しました。これがいわゆるネットワーク上の法執行改善法という法律です。

　このような法的規制の背景としては，やはりさまざまなヘイトスピーチや個人に対する人格権侵害情報に対して訴訟が提起されたわけですけれども，ドイツでも，日本で言うならばプロバイダ責任制限法に当たるドイツ通信媒体法という法律がありまして，情報の削除について限界があったわけです。つまりプロバイダに対する免責という現実があったわけです。

イ　ネットワーク上の法執行改善法の内容——被害の最小限化

　そういった中で，やはりインターネット上の情報の特殊性に照らした対応が必要だということで，当事者に対する偏見と差別の助長を防ぐために，いっときも早く閲覧できないようにすることが課題となりました。それはまさに被害の最小化ということです。

　ネットワーク上における法執行改善法は，ドイツ国内に200万人以上のユーザーのいるSNS事業者を対象としています。これにはFacebook，YouTube，Twitterが該当します。ちなみに，日本ではやはりLINEが一番多いのですけれども，優に800万人を超えています。

　本法はプロバイダにコンプライアンス，いわゆる削除ないしはブロッキングのための制度づくりを求めています。そのためのシステムが十分に構築されていない，つまり違法情報に迅速に対応できていない場合に，最終的に過料を課すというシステムです。ですから，1件の義務懈怠を理由に過料が課せられるわけではございません。

　本法は，明らかに刑法上問題となる内容の表現は，苦情を受け入れてから24時間以内に削除またはブロッキングすることをプロバイダに求めています。これについては特定の被害者だけでなく，一般，いわゆる第三者による苦情申告も認められています。ここはやはり日本とは違うところだと思います。

　本法3条1項は，明らかに違法な情報と判断されるものは24時間以内

に，そして24時間では判断できない場合には7日間，それでもできない場合には独立した第三者機関に判断を委ねるというシステムになっています。具体的に削除される違法な表現内容というのは，いずれもドイツ刑法で禁止されている表現内容です。

ウ　その後の展開

　本法律が制定されると同時に，ドイツの通信媒体法14条の3項が改正されました。日本で発信者の情報を開示しようとすると，コンテンツ・プロバイダと経由プロバイダのそれぞれに仮処分を行い，2つの裁判を経て最後に本訴という形でやっと発信者情報が開示されるのですけれども，ドイツでは裁判所に民事救済目的で被害者が訴えることによって，裁判官が認めれば，いわゆる本訴を経ることなく1つの手続でプロバイダが発信者情報を開示してもよいことになりました。これがもう1つの目玉です。

　しかし，やはり削除だけでは効果的な予防はできず，発信者に対する刑事訴追をしなければいけないということで，ノルトラインヴェストファーレン州では，2019年12月31日までプロジェクトが行われることになりました。2018年11月にドイツの州司法大臣会議があり，ドイツのSNS事業者の苦情システムがうまく機能していないところがあり，現状では警察からの照会に対して十分にプロバイダが対応できていないという実態があることから，これらの改善のための法整備が求められました。また，欧州委員会では，テロ情報については通報を受けてから，これが明らかに違法である場合に1時間以内に削除するというのが立法計画として挙げられています。

3　ヨーロッパにおける対策の広がり

　これは別論ですけれども，ドイツでも昨今，ヘイトスピーチからつながるヘイトクライムが問題になりまして，量刑規定（ドイツ刑法46条2項）が改正されました。特に人種差別，外国人排斥，その他の人権軽視的な行為に表れた信条，および行為の際に向けられた意思が，刑罰を加重するための要素として加えられたということです。

　違法情報の削除に関する懸念としては，オーバーブロッキングという問

題が常にあります。誤って削除された投稿者の救済手段がドイツの法律では定められていません。救済手段をどうするか，またこのドイツの法律ができて，SNS事業者は，本法を根拠に情報を削除したり，またコミュニティ規定を根拠に削除するなど，2つの根拠規定を用いる場合があるようです。そういったダブルスタンダードをどのように解決するかという問題がそれぞれございます。

　また，ヘイトスピーチとは別論で，2018年11月20日，フランスでは，いわゆるフェイクニュース，選挙期間中のフェイクニュースを規制しようという法律「情報操作との闘いに関する法律第2018-1202号」が制定されました。現在はヨーロッパ中心にヘイトスピーチの問題と相まって，いわゆるフェイクニュースに対してどのように対処していくかということが，新たな課題として出てきています。そういったことが来年以降，私たちの日本社会においても当然問題として上がってくるだろうと思います。

4　まとめ

　最後に，誰もが発信者になれるインターネット社会として，まずは今まで想定されてないような，無数のたくさんの人々が表現の自由を行使し，その中で違法情報が発信，拡散されたときに，インターネット・システムが世界中で普及することを想定していない現行の司法制度がいかに機能しうるのか，時代のニーズに対応できるのかをやはり考えるべきではないでしょうか。法益侵害の拡散と被害の継続をいっときも早く回避することが，後々の議論でも問われるのではないかと思います。そういった意味で，ドイツないしはヨーロッパの対策がひとつヒントになるのではないかと考えます。

パネルディスカッション

実効性のある被害者救済を考える

パネリスト：曽我部真裕・師岡康子・金尚均
コーディネーター：李春熙

李 今日は3人の講師の方々にそれぞれご報告をお願いしましたが，この
パネルディスカッションでも話し足りなかった部分も含めてお話しいただ
きたいと思います。

　ヘイトスピーチについては，本来，いろいろと論ずるべき問題があるわ
けですが，今日は，対応の必要があるという前提についてはもう共有して
いるものということで進めていきたいと思います。そのうえで，インター
ネット上のヘイトスピーチにはリアル世界とは違ったアプローチが必要と
なるという問題がありますので，今日はその点について議論していきたい
と思います。

　それではまずは，現在の法制度のもとでインターネット上のヘイトス
ピーチの被害者がどのように救済を受けられているのかについて，師岡さ
んに現状をお聞きしたいと思います。

1　現行法のもとで被害者がとりうる裁判手続

師岡 現状としては，インターネット上のヘイトスピーチに対する対処が
特に困難であるにもかかわらず，そのための救済手続がないので，ヘイト
スピーチに対処するためには，本人がそれに対して1件ずつ相手を特定
し，特定後，削除などを求めて経済的・時間的・精神的な負担を背負って
わざわざ裁判所に訴えなければならない状態です。

　それは本来おかしな話で，少なくとも1995年以降，国は，人種差別撤廃
条約により，ヘイトスピーチを含む差別を禁止し，終了させる義務を負っ
ているのです。しかし，国が対策を怠って放置しているため，被害者個人

51

が重い負担を背負って，1つ1つ削除などを求めて闘わなければなりません。

そもそも差別した相手に対して当事者が民事裁判を起こすということは，原則として相手に自分の住所などが知られてしまうというデメリットがあります。ある特定の民族，国籍というだけで対等な人間として認めずに攻撃してきた相手に自分の住所を知らせれば，生活の本拠地に直接攻撃してくる危険性は避けられません。そのうえ，控訴審，上告審も含めると数年もかかって，その間ずっと，裁判を起こしたことによる二次被害を受ける危険性があります。

このような差別に対して裁判一般を起こす場合の負担があるだけではなく，とりわけインターネット上の被害については，非常に関係者が多く，通常より何倍もの負担がかかります。インターネット上のヘイトスピーチに対しては，大まかに言って，発信者情報，つまり誰がやったのかということを特定する手続と，書き込みを削除する手続と，それともう1つ，損害賠償を求める手続があります。

(1) 削除請求

ア　アクセスログの確認

まず発信者を特定するには，通常それだけで2回ないし3回，裁判所に訴えることが必要になります。最初に業者に対してアクセスログという，書き込んだ人の情報の保存を要請するための手続が必要になります。業者が任意に応じなければ，これ自体もまず仮処分の申立てをやらなければいけません。

なぜなら現行法上，書き込んだ人を特定するための情報をIT業者が保存しておかなければいけないという義務が定められていないからです。だから被害者が請求しても，もうアクセスログを消しましたと言われてしまえば，そこでもう相手を特定することができなくなってしまい，相手も業者も責任を問われません。そうならないように，3カ月ないし半年程度でアクセスログを削除する業者も多いので，まず急いでそれを止めなければなりません。仮処分申立てはかなり専門的なので，弁護士を頼まなければ難しいです。そうすると，通常，費用が1件につき最低10万、20万単位で

かかります。

　また，裁判所に訴える場合には，業者の資格証明書を取り寄せる必要があるのですが，インターネットに関わる業者は海外に本社があるところが多いです。具体的に言うとたとえば「５ちゃんねる」の場合はフィリピンに本社があるので，資格証明書をとるだけで１件につき数万円かかります。

イ　投稿者の特定

　アクセスログの保存ができたら，次のステップは，IPアドレスという，発信者がいつどこで投稿したのかという本人特定につながる記録を開示請求することです。これも業者はほとんど任意では応じないので，仮処分なり本訴なりをまた別に起こす必要があります。それもまた全部資格証明が別に必要なわけですし，別に弁護士費用もかかります。

　それでやっとIPアドレスを入手できたら，IPアドレスというのは発信者の名前とか住所そのものではないですから，ドコモなどの接続業者を特定したうえで，また別にこのIPアドレスの人は誰か情報開示を求める仮処分なり裁判なりをやらなければなりません。ここでまた別に費用と手間，時間がかかります。

ウ　削除請求

　これらの裁判手続の結果，投稿者の特定ができた場合には，削除請求については削除権限がある業者に対し，発信者情報開示請求とは別に仮処分なり裁判などをやらなければなりません。そのためにまた費用も手間もかかるということです。

　なお，削除請求については，たとえば「２ちゃんねる」とか「５ちゃんねる」というネット上の掲示板の場合だと，１つの投稿に対する書き込みの一群（スレッド）があり，その１スレッドに1000件までの書き込みがあります。今の裁判実務だと裁判所は，スレッドが総体として被害者を傷つけるものであってもスレッドごと削除する命令は出してくれません。ですから，その1000件の１つ１つ，どういう理由で人格権侵害かを全部被害者が主張立証して，それを裁判所がチェックしてという作業が必要なんですね。１スレッドごとにそのような作業が必要で，大量に攻撃されている場合には，全部についてそれをやらなければなりません。このような膨大な

作業をターゲットにされた被害者個人が行うことは実際上不可能であり，ほとんどの場合対応をあきらめざるをえません。匿名のヘイトスピーチはやりたい放題となるわけです。

(2) 損害賠償請求

　それからまた削除請求とは別に書き込んだ本人に対し損害賠償をやるとすると，別途本格的な民事裁判をやることになります。そうすると確定するまで数年単位でかかるわけですし，その裁判の過程でも被害を受けた人に対して，加害者からヘイトスピーチが行われる危険性が高いです。

　たとえば，被害者に対し，本当は別に気にしていなかったのに，お金がほしくて裁判を起こしている，差別の当たり屋だ，などという主張が，文書や本人尋問などで出されるのです。これは実際にあったことで，「保守速報」というまとめサイトによるインターネット上のヘイトスピーチに対して勇気をもって裁判を起こした在日コリアン3世の李信恵さんが，そのように法廷で言われ，さらに傷つけられたのです。

2　現行法上の問題点

李　被害者が削除を求めるのも，発信者の責任を問うのも，裁判を起こさないといけないということですか。

師岡　そうです。それぞれの業者が任意に応じてくれればいいんですけど，プロバイダ責任法の規定に問題があって，たとえば発信者情報開示については，同法4条1項1号で「権利が侵害されたことが明らかであるとき」にのみ業者は応じればよいことになっています。実際この間も代理人として業者に任意の請求したんですけれども，「明らかである」かどうかわからないとの理由で拒否されました。こういうことが多いです。そうすると発信者情報開示を求める仮処分の申立てをやるしかありません。

李　今おっしゃった裁判上の請求は，特定個人を対象にしたヘイトスピーチに関するものですよね。現行法では，特定個人に対するヘイトスピーチだから，ぎりぎりという言い方はおかしいですけれども，人格権侵害にあたるということで，裁判のチャンネルに乗っかってくると，そういうこと

ですか。

師岡 そうです。不特定の集団に対する場合はまったく法的な手立てがないです。

3 裁判以外の救済方法——法務局

李 法務局など法務省の人権擁護機関がありますが，ここへの相談というのは何か実効的に機能するんですか。

師岡 2008年から2011年にかけて，朝鮮大学校の前で在特会の当時の高田誠会長が「朝鮮人を東京湾へ叩き込め」などのひどいヘイトスピーチを行った事件について，そのとき学内にいて直接それを聞いた学生たちの代理人として，2015年に東京法務局に人権侵犯事件として申立てをしました。半年ほどで，人権侵害であり二度としないようにとの勧告はされました。ただ任意なので，彼はその勧告が書かれた通知を動画の生中継でビリビリ破り捨てて放り投げるというパフォーマンスをしましたし，その後もずっとヘイトスピーチを繰り返しているのは皆さんご存知のとおりです。

それからもう1つ，ヘイトスピーチ解消法ができたことのひとつの成果として，法務省の人権擁護局の中にヘイトスピーチ被害救済対策チームができて，全国どこの法務局で訴えても，その専門的なチームに連絡が行き，一緒に取り組むことになっています。

2016年に崔江以子さんの代理人として，インターネット上のヘイトスピーチの一部をピックアップし，東京法務局に対し，業者に削除請求をするよう求めました。その結果，法務局の削除要請に応じ業者がその一部を削除する成果はありましたが，やはり任意の手続なので，業者の側が応じたものだけです。ただ，被害者個人が業者に削除請求するよりは，法務局が請求したほうが削除される割合は高く，直接業者とやりとりするより負担が軽減されます。

李 法務局に相談して結論が出るまでにはどれぐらいの時間がかかるんですか。

師岡 私たちが法務局に削除請求を求めたのは解消法が成立した直後で，地方法務局の担当者に法務省人権擁護局の対策チームのメンバーも加わ

実効性のある被害者救済を考える | 55

り，担当者が親身になって取り組んでくれたこともあり，早いものだと1
カ月ぐらいでした。長いものだと半年ぐらいです。

李 その期間，当然，被害が継続しているということになるんですか。

師岡 そうです。

李 法務局への相談も，特定個人に対するヘイトが前提なんですか。

師岡 そうです。それも大きな問題です。

ヘイトスピーチ解消法ができ，その定義にからすれば不特定の集団に対
するものが当然含まれており，「許されない」「解消が喫緊の課題」と書か
れているわけです。しかし，解消法成立後も毎週のようにヘイトデモ，ヘ
イト街宣が行われ，○○人は出ていけなどの不特定の集団に対するヘイト
スピーチが続いています。

ところが，市民がそれらについて法務局に相談に行ったら，うちでは特
定の人に対するものしか相談に乗れませんと言ってはねつけられたそうで
す。被害者が申立てをした場合には，法務局のそのような対応で二次被害
が生じてしまいます。

4　ヘイトスピーチの違法性——違法情報か有害情報か

李 ありがとうございます。今，特定個人に対するものか，あるいは不特
定に対するもの，つまり，「朝鮮人」「韓国人」「何々人」というようなある
人種・民族一般に対するものかで取扱いが変わるという話が出てきました。

曽我部さんにお聞きしたいんですが，基調報告の中でも，権利侵害情報，
違法情報，有害情報というような区分けがなされていまして，このような
区分けに基づくと，ヘイトスピーチがどれに当たる可能性があるのか，そ
の場合，現行法ではどうなるかということをもう一度お聞きしたいんです
けれども。

曽我部 ヘイトスピーチのうち，先ほど来，師岡先生がおっしゃっている
ような特定個人を攻撃するようなものについては，これは特定個人の権利
侵害であるということで，名誉毀損なりの枠組みで対応できるということ
になります。

これに対して「○○人は何とかだ」とか，「○○人は日本から出ていけ」

56

のような，○○人を対象とするようなものは特定個人がターゲットになっているものではなくて，特定個人の権利侵害とは言えないので，権利侵害の救済というシステムの中ではこぼれてしまう，そういうことですね。

李　権利侵害にならない場合でも，違法情報ないし有害情報には該当するという考え方があると思うんですが，ヘイトスピーチは違法情報に当たるんですか，有害情報に当たるんですか。

曽我部　現状だと違法情報には当たらないというのが一般的な理解ですけれども，やはり有害情報には当たるのではないかと思います。有害情報については何か決まった定義があるわけではありませんが，一般的・常識的に考えて有害情報に当たると思っています。

　ただし，ホットラインセンターやセーフラインの基準では，現状ではヘイトスピーチは，そのものとしては有害情報として削除要請対象になっているわけではありません。

5　有害情報に対する対策

⑴　法制度

李　おそらく有害情報に当たるということなんですが，ヘイトスピーチ以外に有害情報とされているものにどんなものがあるか，もう一度教えていただけますか。

　また，そのような有害情報については現行の制度上，どういった相談窓口だったり，通報の窓口があるかを教えていただきたいんですけれども。

曽我部　従来は有害情報というのは主に青少年との関係で議論されておりまして，成人向けのアダルトなものですとか，残虐な情報ですとか，あるいは犯罪を助長するような，たとえば大麻の育て方とかいったものが有害情報の典型的な例ということになっていて，特に活字ですとか，DVDとか，パッケージ系のものですと，青少年健全育成条例というのが各都道府県にありまして，区分陳列ですとか，青少年への販売禁止というような規制がなされているというのは，ご案内のとおりです。

　インターネットの場合，青少年インターネット環境整備法という法律がありまして，そういう有害情報についてはフィルタリングの対象になると

実効性のある被害者救済を考える　｜　57

いうことにはなっています。これはすべて青少年の関係ですね。それ以外の有害情報としては，違法情報に類するけれども違法そのものとは言えないものや，自殺を誘引する情報等が挙げられます。

　先ほど紹介したセーフラインについては，通報を受けて，削除要請をするわけですけれども，違法情報ではなく有害情報だということですので，削除してもらうかどうかは完全に任意になっています。削除される場合も少なくないようですが，削除されない場合もあるということだと思います。

李　ヘイトスピーチ以外の違法情報ないし有害情報については，必ずしも特定個人の権利侵害をするような書き込みじゃなくても，インターネット・ホットラインセンターないしセーフラインという通報窓口があるんですね。そして，そこに誰かが通報すると，その団体が独自のメルクマールで判断をして，違法情報ないし有害情報に該当すると判断すれば，削除要請をするというシステムになっているわけですよね。

曽我部　そうですね。有害情報というのは要するに受け手（社会一般あるいは青少年一般）にとって有害だということなので，その表現の標的が個人であろうが何であろうが，直接関係ないわけですね。

李　インターネット・ホットラインセンターないしセーフラインが削除要請をした場合は，一般的な事業者であれば削除に応じるという状況になっているんでしょうか。

曽我部　その点についての実情は詳細には把握してないのですけれども，たとえばYahoo!のようなところだと対応されているということだと思います。違法情報と有害情報をあわせた統計としてセーフラインが発表しているものによれば，削除率は約86%だということです。

(2)　ヘイトスピーチへの対応

李　ということですと，ヘイトスピーチが少なくとも有害情報に当たるのであれば，そういった有害情報に対する通報窓口が機能すれば，必ずしも個人が裁判を起こして消すということをしなくても，そういう機関が判断をして削除要請するというシステムを作ることが可能だと思うのですが。そのようにはならないんでしょうか。

曽我部 それは一定程度の効果はあるのだろうと思いますが，ただヘイトスピーチの場合は，ほかのものに比べても判断が難しいと思います。

　というのは，1つは，どの程度のものであれば問題なのかという判断がかなり難しいと思います。人によってかなり違うということに加え，文脈が大事で，たとえば隣国のある措置に対する批判，たとえば隣国であるニュースが起こって，それが報道されて，それに対する批判のコメントというのは，これはヘイトスピーチなのか，それとも当該隣国の政策，対応に対する批判なのかというのは，かなり判断が難しいと思うのですね。

李 もちろん判断が難しい部分があるというのは否定しませんけれども，ヘイトスピーチに該当することが明確という場合もあると思います。そうすると明らかにヘイトスピーチに該当すると，通報窓口のほうで判断できれば，削除要請というルートに乗っかってくることはあるわけですかね。

曽我部 それはそうだと思います。

李 現状，そういった窓口が機能してないということにはなりますか。

曽我部 現状のホットラインセンターやセーフラインの基準では，ヘイトスピーチは対象になっていませんので，対象にするという検討の余地はあると思います。

6 迅速な被害者救済手段の可能性

⑴ 大阪市条例制定後の現在

李 ちょっと話を変えまして，大阪市条例のことが報告の中に出てきました。これは実効的に機能しているかどうかについて，金さんにお聞きしたいんですけれども，いかがでしょうか。

金 全面的に奏功しているとは言い難いです。ただし，本条例の制定とこれに基づくヘイトスピーチ認定のための審査会が設置されたことは大きな前進であることは確かです。現行のところでは12件，削除されたということです。ネット上のものは5個ですね。

　しかし，いまだ審査にかかっていて，半年ないし1年以上，審査中のものもやはりたくさんありまして，なによりも審査会が月に1回しか開催されないということなんです。月に1回開催されている間に，その情報が

実効性のある被害者救済を考える | 59

ずっとインターネットで掲載されている現実は従来と変わりありません。

その侵害が拡散し，被害が継続しているという意味で，やはり実効性に欠けるのではないかという問題がございます。そういったことで，今日私が紹介した24時間以内に削除するという実務との大きな差が出ているのではないかと考えます。

⑵　ドイツにおける取組み

李　ドイツ等では，通報から24時間以内の措置，あるいはテロに関しては１時間以内の措置が義務づけられているということですね。私たちからすると驚くべき迅速性なんですけれども，ドイツで物理的にそれは可能になっているんですか。

金　下のグラフを見てください。今年(2018年)の１月から６月の半年間にYouTube社に苦情申告があった数が示されています。左側のグラフは総数を示しています。これによると，ユーザーが14万4836件，エージェンシーというのは，ドイツに「少年保護ネット」という苦情申告をしている半官半民の機関があるんですけど，そういったところが苦情申告を行っています。

その内容の内訳が右側の図です。侮辱，有害発言，ヘイトスピーチ，プライバシーに関する事項，性的事項，テロ，そして暴力犯罪で分けられて

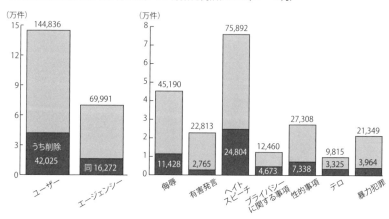

YouTube 社にあった苦情申告の数（ドイツ、総数と内訳、2018 年１～６月）

います。そのうち4万2000件強がユーザによる申告に基づいて削除されていますが，やはり一番多いのはヘイトスピーチになっています。ソーシャルネットワークにおける法執行の改善に関する法律（ネットワーク執行法）ができて，たとえばFacebook社では1200人のファクトチェッカーを雇用しました。1200人が分担しながら24時間態勢で苦情を受け付けているようです。

李　日本の実務に慣れきってしまっている私たちからすると，消すために何週間かかるとか，何カ月かかるということが当たり前になってしまっていたんですけれども，今のお話を聞くと，海外ではそれが当たり前ではないのですね。やろうと思えばできるということでしょうか。

金　それはやろうと思ったらできますし，またFacebook社ないしTwitter社というのはいわゆるグローバル・プレーヤーですから，ヨーロッパにおける実務は日本でも実行可能です。その証拠に，特にGoogle社に関しては，見ていただいたらわかりますけれども，ドイツで行われている削除実務が日本語でも読めるんです。彼らは申立ての取扱いについてのレポート（透明性レポート）を日本語でも示していて，日本での対応というのも意識しているのではないかということが窺えます。その意味では来年以降，削除に対する対応についての議論が，法務省をはじめとして日本でも出てくるだろうと思います。

⑶　コストの負担をどうするか

李　もう1つ，それだけ迅速に削除するシステムを構築するために，人的にも物的にも負担が生じる，各企業はかなり出費等をしていると思うんですけど，それは当然の負担だというのが，ヨーロッパではコンセンサスなんでしょうか。

金　それは当初はさまざまな議論がありまして，人件費については私はどれだけかかるかちょっとわからないんですけれども，あともう1つ出ているのが，ファクトチェッカーの精神的・身体的ケアの問題ですね。これはNHK BSでも放送されたそうですが，Facebook社もファクトチェックをしているんですけれども，実はドイツのテレビ会社がすっぱ抜いたルポルタージュによると，Facebook社のファクトチェックはシリコンバレーで

実効性のある被害者救済を考える ｜ **61**

やっているんじゃなくて，フィリピンの子会社に委託しているというのが
わかったんですね。インターネットの負の遺産をより経済的に貧しい国々
の人々に押し付けていた形です。児童ポルノとか残虐表現とか，そういっ
たものを1人で1日2000件以上見るわけですから，ファクトチェックす
る人の精神的なダメージは非常に大きいんですね。ファクトチェッカーの
精神的な被害というものが，インターネットの規制を検討する際に，私た
ちが考えなければいけないもう1つの側面としてあると思います。

李 そういった点も含めて，プラットフォーム事業者に相応の負担がある
んだと思いますけれども，ドイツではそれは企業の社会的責任があるとい
うことで，導入されているということでしょうか。

金 ドイツでは，プラットフォームの事業者はアパートの管理人ではない
という言い方をします。彼らは公の場を自ら提供したわけで，そこで他の
人々に公で発言してくださいと誘っているわけですね。したがって，単な
る場の提供者にはとどまらないということが，立法提案も含めて認識され
ています。

7　プラットフォーム事業者の責任

李 今，プラットフォーム事業者の責任という発言がありました。ここ日
本ではそういったプラットフォーム事業者の責任について，どういった議
論がなされていて，どこまでが社会的に認知されているかということにつ
いて，曽我部さんにお聞きしたいんですけれども，いかがでしょうか。

曽我部 プラットフォームの事業者の責任について，最近，日本でもいろ
いろな角度で議論されているようですけれども，違法有害情報対策との関
係では，まだそれほど議論されていないように思います。特別な法律も存
在しません。日本の現状ですと，むしろ，社会的責任という文脈で議論さ
れているところだと思います。

　ドイツのような法律を作った場合に，日本で憲法上許されるかという論
点が1つあると思いますが，現時点は法律がない状態ですので，どこまで
の表現を許容するかというのは，それぞれのプラットフォーム事業者の判
断の問題になります。その中でプラットフォーム，ここでは特にSNSの

プラットフォームが念頭にありますが，SNSといっても多種多様なものがあって一概には言えないものの，みんなが見るようなものはやはりそれなりの社会的責任を負うというふうに普通は考えられると思います。そういう中で自発的に取組みをしていくことが社会的に期待されるというところかと思います。

李　今，プラットフォーム事業者の社会的責任に期待するという発言がありました。あえて聞きますが，「5ちゃんねる」なんかが社会的責任を感じていますか。社会的責任に期待するだけでいいのでしょうか。

曽我部　先ほどの師岡先生のお話と絡めて申し上げると，ああいう単に誹謗中傷みたいなものを書いているものは，やはり法的な対処が可能であるべきで，当初のお話の中でもありましたけれども，先ほど師岡先生が非常に詳しく説明されたことは，別にヘイトスピーチに限った問題ではなくて，普通の名誉毀損等の権利侵害の問題でもあって，国外事業者の場合は非常に時間もかかるし，発信者情報の開示についても非常に手間暇がかかるというのが実情ですので，そのへんを全体として，もうちょっと改善する余地があるのかなと思っています。社会的責任というのは全体的な話であって，まさに権利侵害が行われているというようなものは法的な救済システムを充実させるということは当然あるわけです。

李　ドイツのような話を聞きますと，社会的責任がある企業として，もう少し真剣に，お金も人もかけてやることが十分可能なのではないかということを，個人的には思いました。

8　インターネット上の表現規制

⑴　現行法制度においても可能な対応

李　ここから，現状から少し離れて，インターネット上の表現規制ということについてご意見をお聞きしたいと思います。

　インターネット上の表現についての規制というのは，リアル社会における表現規制と異なった側面があるのかなと思うんですけれども，インターネットの表現はより自由であるべきなのか，あるいはより規制されるべきなのか。金さん，いかがでしょうか。

実効性のある被害者救済を考える | 63

金 これはむしろ，インターネットも，そうじゃない現実の世界の表現も，同じような規制が行われるべきではないかと思うんですね。しかしインターネットの場合は，問題の違法な表現，とりわけ名誉毀損のような表現があったとしても，名誉毀損は民法上の不法行為と同時に刑法上の犯罪でもあるわけですが，それが現実に起こった際に，たとえば警察が駆けつけてくれるかといったら，そういった制度はないわけですよね，日本の場合は。そこがやはり大きな問題で，これはドイツでもヨーロッパでも問題になっています。そこで出てきたのがプロバイダの役割と考えるべきだろうと思うんですね。

　やはり日本の場合には，先ほど言った，いわゆる差別解消のための3法ができているわけですね。ですから，たとえば今現在も被差別部落の地域を特定して示しているサイトや都道府県のサイトに特定の被差別部落や外国人集住地域について示した侮辱的な表現が散見されますが，そういったものについては，差別解消3法に照らして，従来，名誉毀損罪と侮辱罪において特定個人に限定されていた「人」の範囲を若干広めることによって集団的名誉毀損，ないしは集団的侮辱という概念を提唱することは解釈論上可能だろうと考えます。

⑵　リアルとインターネットの違い

李 次に師岡さんにお聞きしたいんですが，インターネット上の表現の特性という点に関して，今，リアル社会でも在特会などのデモだとかのヘイトスピーチ被害があるし，インターネットにおいてもヘイトスピーチ被害がありますね。比べるものでもないのかもしれないんですけれども，両者を比べると，何か違いはありますでしょうか。

師岡 原則としては金さんがおっしゃったように，どちらもヘイトスピーチで，全体として日々マイノリティを苦しめて，差別を広げているということで，両方とも禁止するべきだと私は思いますけれども，とりわけインターネット上のヘイトスピーチというのは，デモと違って，毎日毎日，毎時間毎時間大量に，また，繰り返し行われています。現代の社会で仕事や日常生活上，インターネットを見ないわけにはいかないですから，デモや街宣のように出くわさないように避けることはできず，日常的に実害をも

たらします。また，インターネットのヘイトは大量に瞬間的に全世界に広がってしまい，関係者も多く，一度広がったものを完全に削除することは極めて困難という特徴があります。

　ですので，ターゲットになった人からすれば，いったいいつまでこれが続くのか，書き込みがずっと一生消えないんじゃないか，社会に居場所がなくなるのではないかなどの不安に苛まれ続けます。そのような苦しみを目の当たりにしていますが，現行法では対処のしようがなく，申し訳ない気持ちでいっぱいです。インターネット上のヘイトスピーチの被害者を救済できる新たな法整備が不可欠だと思い，そのような取組みをしています。

李　かつて，インターネットの掲示板なんかは，言葉が悪いんですけれども，便所の落書きみたいなもので，「ほっとけばいい」というような議論があった時期もあるように思うんですけれども，まったくそういうものではないということですか。

師岡　インターネットで特定の人の名前を検索すれば，インターネット上の掲示板における書き込みも含めて，誰でもそこに書かれていることを見ることができるわけです。そうすると，インターネット上の消すことができないヘイトスピーチが将来にわたって自分が知り合う人々に見られてしまうんじゃないかとか，就職や結婚のことまで考えて，一生自分につきまとうと絶望的になる，それが放置されている状況だと思います。

9　差別を規制する法制度

師岡　そして，その書き込みがヘイトスピーチかどうかという限界的なところでは確かに判断が難しいことはあるんですけれども，今，インターネット上のヘイトスピーチで最も深刻な問題はそういう限界事例ではなく，明確なヘイトスピーチ，たとえば「殺せ」とか「ヒトモドキだ」といった言葉を使っていても消すのが非常に困難であり，放置されていて，いちいち被害者が大変な負担を背負って裁判をしなければならない状況にあり，裁判をしても救済されるかどうかも不確実という点だと思います。

　基準が曖昧だというのは，法務省などと交渉すると，そういうふうに言

い訳されるわけですね。はっきりしないから対処が難しいと。でも実際、今、金さんからご紹介していただいたように、ドイツとか他の国では対処しているわけですし、ほとんどの国では禁止規定があって、確かにその一つひとつについては曖昧な限界的なものはありますけれども、深刻なもの、明確なものについては禁止して対処しているんですね。どこの国でも曖昧な部分については、たとえば移民政策論とか、そういう限界事例について、それぞれが法改正するなり、判例を積み重ねていくなりして取り組んでいるわけです。

曖昧だから、難しいからといって放置するというのは、やはり差別の被害を放置し、被害者に我慢を強いるに等しく、無責任だと思います。私たち法律専門家の仕事は、できる限り具体的で明確な基準をつくる、表現する側にとっても何がヘイトスピーチになって、何をやってはいけないかという限界を明確にするよう取り組むことだと思います。

東京弁護士会では議論を重ね、人種差別撤廃モデル条例案を作りました。この中で第5条に禁止規定を入れています。

（人種等を理由とする差別の禁止）

第5条　何人も、次の各号に該当する行為（以下「差別的行為」という。）その他の人種等を理由とする差別をしてはならない。

一　特定の者に対する差別的取扱

二　侮蔑、嫌がらせその他特定の者に対する差別的言動

三　人種等に関する共通の属性を有する不特定の者に関し、社会から排除し、権利若しくは自由を制限し、又は憎悪若しくは差別の意識若しくは暴力をあおり若しくは誘発することを目的とする、公然と行われる差別的言動であって、次に掲げるもの

　　イ　著しい侮蔑若しくは誹謗中傷その他人種等を理由とする共通の属性を有する個人又は集団を貶め、又は価値の低いものとして扱うもの

　　ロ　生命、身体、自由、名誉若しくは財産に危害を加えることを告知し、又は助長することにより脅威を感じさせるもの

　　ハ　社会からの排除を求めるもの

四　差別の意識をあおり又は誘発することを目的とする差別的言動であって，次に掲げる情報を頒布，掲示その他これらに類する方法で公然と摘示するもの（摘示した事実の有無にかかわらない。）。

イ　人種等に関する共通の属性を有することを理由として，人を抽出し，一覧にした情報

ロ　人種等に関する共通の属性を有するものが，当該属性を有することを容易に識別することを可能とする特定の地名，人の氏，姓その他の情報

　できる限り明確に，誰が読んでも，こういうことをやることが差別で，してはいけないのだなとわかるように，行為類型を細分化しました。これは一案にすぎませんが，線引きが難しいと放置するのではなく，金さんがお話しされたような各国の法令や事例から学ぶなど，多くの人たちが知恵を集め，表現の自由の過度の規制にならないよう工夫しつつ，差別を規制する法制度をつくる取組みをすることが緊急の課題だと思います。

10　ヘイトスピーチと表現の自由

李　憲法の研究者ということで曽我部さんにお聞きしたいんですけれども，インターネット上には非常にひどいヘイトスピーチがあるというのが現実です。そのようなヘイトスピーチでもやはり表現の自由により保障されるのかという質問をしてみたいんですけれども，いかがでしょうか。

曽我部　私は金先生とそれほど違うことを言っているわけではないと思っているのですけれども，誰が見てもヘイトスピーチだと思われるものを法律で規制することは，必ずしも憲法違反ではないと私は思います。その意味では表現の自由といっても無制限ではありません。名誉毀損にしても児童ポルノにしても規制が合憲とされているわけですので，悪質なヘイトスピーチについて規制することは可能だと思います。

　ただ問題なのは，規制をしたときには当然，弊害も生じるので，そこを最小限にするような手当ても必要だということです。たとえば先ほどおっしゃったような移民政策に対する批判ですとか，あるいは先ほど私が出し

実効性のある被害者救済を考える　**67**

た例で言うと，隣国の外交政策に対する批判が抑制されてしまうようなことになると，それはやはり問題ですので，そういうものが生じないような規制の在り方を工夫する必要があると思いますけれども，それを配慮したうえで一定のひどいものを規制するということは，憲法違反ではないと私は思います。もっとも，これは憲法研究者の間でも意見が分かれるかもしれません。

11　今後の課題

李　それでは，日本においては今後どういう取組みが必要でしょうか。

(1)　有害情報としての規制

李　ヘイトスピーチはおそらく有害情報には当たるだろうという前提であらためて曽我部さんに確認しますけれども，もしヘイトスピーチが有害情報に当たるのであれば，他の有害情報と同等の対応はできるんじゃないかと思うんですね。つまり，それは業界団体であれ民間事業者であれ，通報窓口をしっかり作って，削除要請を受け付けて，迅速に削除要請をするというシステムを作る。このような対策をすることについては，法律上の障害はないと思いますが，今のところできていません。これはなぜなんでしょうか。

曽我部　そこはホットラインの団体にお聞きいただかないとわからないです。ただ，先ほど申し上げたような判断の難しさに加え，根本的にはヘイトスピーチの問題性が十分に共有されてないというところがおそらくあるのだろうと思います。

　他方で，Yahoo!のようなところでは通報できるような仕組みを持っているということなので，社会的責任を意識されている事業者はそういう取組みを自らされているけれども，そうでないところはしていないというのが実情です。そういうところにホットラインから削除要請が来ても，あまり対応しないだろうということなので，ホットラインの枠組みの中でヘイトスピーチも入れるというのは当然ありうることだと思うんですけれども，それで大きく変わるかというと，そこはちょっとわからないですね。

⑵ ヘイトスピーチ対策の担い手

李 現状，インターネット・ホットラインセンターは警察庁の委託事業として行われていると理解していますが，同じように警察庁，法務省，あるいは総務省など，政府機関がしっかり対策をする。あるいは，直接国の事業じゃなくても，委託事業として業界団体に適切な対応をとらせる。このような対応は可能ではないかと思うんですけれども，師岡さん，その点，いかがですか。

師岡 先ほどのお話とも少し関連するんですけれども，やはりヘイトスピーチを禁止するといった場合に，もう一方で，セットでそれが本来ヘイトスピーチ以外のものに拡大されない，権力によって濫用されないような歯止めが必要だというのは共通認識だと思うんですよね。それが本来，国際人権法上，差別禁止法とともに求められている行政から独立した専門的な国内人権機関であるわけですけど，日本にはそれもないという状況ではあります。

　ただ，その原則を踏まえ，たとえば先ほどご紹介した東弁のモデル条例案では，人種差別問題の専門家や当事者などによる専門的な第三者機関である審議会を設置して，そこがヘイトスピーチかどうかを認定するという仕組みにしています。大阪市のヘイトスピーチ対処条例でも専門家による第三者機関が設置され，そこがヘイトスピーチかどうか認定していますね。それで，曽我部さんの今のお話に戻りますと，ホットラインセンターとかいうのは，これは警察そのものじゃなくて，これも第三者が，専門家が入っているんでしょうか。

曽我部 ホットラインセンターで実際にオペレーションにあたっている方々は専門家というわけではないです。先ほどFacebookのお話をされて，その中で削除部隊がいるとおっしゃいましたけれども，それに近いようなことをされていると思います。

師岡 人種差別撤廃問題に関する専門家や，被害当事者などが入って，何がヘイトスピーチなのかを認定するような第三者機関ができて，そこがどんどんチェックして削除要請をするという仕組みは有効だと思います。

李 私の理解では，おそらくそこまでは新しい立法がなくても可能ではな

実効性のある被害者救済を考える　69

いかと思いますし，国や行政がやる気になればできることだろうと思います。

⑶　立法の必要性
ア　海外の取組みを例に

李　そのうえで，新しい立法の必要性についてお聞きします。インターネット上のヘイトスピーチということに関して，それを撲滅していくために，どういう法律が新しく必要になるかという点について，金さん，いかがですか。

金　たとえば，フランスのフェイクニュース規制法では，選挙期間中に候補者が嘘の情報で被害を受けた場合に，裁判所に直接提訴できます。裁判官は48時間以内にそれが嘘かどうかを判断して，嘘であると認定したらSNS事業者に対してその情報を削除しなさいという命令を出します。そういったようなことを日本の裁判所がするのかということですね。それをしないのであれば，まず法務省なりが，Facebook 社やTwitter 社などのSNS事業者に対してタクスフォースを課すという手法がありうるだろうと私は考えます。

　もう１つできることとしては，やはり先ほど言いました差別解消３法ができた今日において，たとえばプロバイダ責任制限法に，従来は他人の権利の侵害というものだけが対象だった２条に新たに５項を加えて，不当な差別的言動の定義を明確にし，それに対してプロバイダが責任を負うようにするということもありうるのではないかと思います。

李　今，いくつかのアイデアをご提案いただいたんですけれども，やはりドイツなど欧米では，ヘイトスピーチ自体が違法であり，犯罪であるという前提がありますね。そういう基本があるからこそ，個別の対応も可能になるかと思うんです。ですので，日本でも抜本的にインターネットの世界を変えようとしたら，やはりヘイトスピーチ自体が違法だという法律が必要なんじゃないかと思います。師岡さん，そのあたりについてコメントをお願いします。

イ　差別禁止法と国内人権機関の創設

師岡　ヘイトスピーチの蔓延を止め，被害者を救済するためには，イン

ターネット内外を問わず，ヘイトスピーチ自体が違法だと法律で明記し，人種差別撤廃基本法および実効性ある差別禁止法と国内人権機関を作ることが不可欠です。

ただもう一方で，これらの法整備には一定の時間がかかるでしょうけれど，インターネット上のヘイトスピーチの被害は日常生活を破壊する深刻なものであり，インターネット上の被害者救済は特に緊急性があります。

インターネット上のヘイトスピーチというのは確かに特殊性があり，加害者対被害者にとどまらず，不可避的にIT業者など第三者が関与し，加害者本人が削除できないなどの技術的な問題があります。ご紹介したインターネット上のヘイトスピーチに対する裁判の困難さは，これはヘイトスピーチだけの問題ではなく，インターネット上の匿名者による人権侵害に共通の問題でもあります。

それらの共通の技術的な問題として，たとえばIT業者に一定期間のアクセスログの保存義務を課す，発信者情報開示請求や削除請求があった場合に一定の期間内に理由をつけて回答しなければならないなど業者の義務を定めることは有益で，緊急対策としてまずはインターネット上の人権侵害対策に特化した法規制という方法もあると思います。また，ヘイトスピーチがないように運用する規則を設ける義務を定める業界法というようなやり方もあるかと検討しているところです。

12 ヘイトスピーチ撲滅のために

李 最後に，それぞれに今日の議論を振り返って，ネット上のヘイトスピーチを撲滅するためにどうしていけばよいのかということで，一言だけいただきます。曽我部さんからお願いします。

曽我部 ヨーロッパの事例が紹介されていた関係で申し上げると，確かにヨーロッパの対策が進んでいることは否めないわけですけれども，日本は日本なりに，これまでの対策を進めてきていて，国の法律に頼らずに自主的な取組みを中心にやってきたという流れがあるわけですので，もう少しこれを進めてみるというのを追求するのが，まずもって考えられることだと思います。その中で，関係事業者全体に，もう少し社会的責任を意識し

ていただくような取組みをすることを求める必要もあると思います。他方で、ヘイトスピーチ対策に限らず、インターネット上の権利侵害の救済の仕組みの在り方に関する法律の在り方を考え直す余地はあるのではないかと思います。

　表現の自由の問題を考えるのに難しい点は、表現の自由に関する理論的な枠組みというのがありますので、その一部を崩してしまうと、ほかのところでも、これも規制しろ、あれも規制しろというのを防ぐ理論的な理屈がなくなってしまうというところがあるわけです。これまでヘイトスピーチ対策の議論においては、憲法学説が非常に批判的に取り上げられるケースが多いわけですけれども、ヘイトスピーチ対策としてはこういう対策がいいというのがあったとしても、それが表現の自由に関する一般理論との関係でなかなか受け入れ難いような場合もあるわけです。そういうときに無理してヘイトスピーチ対策のほうを優先させてしまうと、表現の自由の一般理論を崩してしまうことになって、ほかの規制要求に対して理論的に対抗できなくなり、あとあと大きな問題を生む可能性があるということで、憲法学者の多くは慎重な立場をとっているということもご理解いただければと思います。

　他方で、ヘイトスピーチの被害なり、問題性に対する認識が不足していたということは率直に認めないといけないと思います。その中でヘイトスピーチに対する問題意識と表現の自由の一般理論とのすり合わせいうことをもう少し真剣に考えていく必要があるのではないかと思っています。

李　ありがとうございます。師岡さん、お願いします。

師岡　現実にマイノリティ当事者の命、全生活に及ぶ深刻な被害があるので、憲法理論の一般的な崩壊の可能性との抽象論を言われても、当事者に我慢しろということなのかと聞こえてしまいます。ヨーロッパ諸国など世界の多くの国ではすでにヘイトスピーチ規制を実施しているのに、それらの諸国では表現の自由や憲法理論が崩壊しているのか、民主主義が崩壊しているのかというと、そんなことはないでしょう。人間の尊厳と民主主義を破壊するヘイトスピーチを規制していきながら、本来の表現の自由の過度の侵害にならないよう、憲法論を再構築していただきたいです。両者のバランスをとるさまざまな工夫の枠組みというのは、すでに国際人権法な

どで提起されていますし，先行している他の国々での取組みから学ぶことが多いと考えます。

李　ありがとうございます。金さん，お願いします。

金　お二人の議論を聞いていて，やはり日本で一番欠けているのは，ヘイトスピーチや差別表現は人間の尊厳の否定なのだという認識なのだと思いました。そして，そうした議論が日本の中において戦後なされてこなかったということが，ヘイトスピーチの問題についても被害の過小評価につながっているんだろうと，私は痛切に感じます。被害認知の非対称性というふうにいわれるときもありますけれども，やはりヘイトスピーチが具体的に同じ人間であることを否定するメッセージを発信し，差別と排除を扇動していること，そして，それによって攻撃や差別が正当化される社会が構築されてしまうことを理解しなければいけないと思います。そうしたときに，人を同じ人間と見ない，差別する表現が，表現の自由の範疇に収まるといえるのかということを，私たちはあらためて考えるべきじゃないかと，私自身，痛切に感じています。

　日本は特にヘイトスピーチに寛容です。表現の自由を良くも悪くも広くとるべきだという観念がある。これが，ご都合主義的に利用されているのではないかと思います。自民党はヘイトスピーチ規制について，「表現の自由」に配慮しなければいけないとの理由で刑事規制に反対しました。しかしテロ等準備罪の制定の議論の際にはまったく表現の自由への侵害の懸念の主張はされなかった。実は表現の自由がマジョリティを守るための防御壁になっているのです。

　最後に，ヘイトスピーチはなにも外国人だけに向けられるものではありません。2016年の相模原障害者施設殺傷事件のように障害者に対する偏見と憎悪がヘイトクライムにつながった経験が日本にはあります。また「人間以下と設定された人たちも性欲などがある。当然，乱暴などもはたらく」とのフェイクニュースを織り交ぜた長谷川豊氏の発言はまさに被差別部落の人々に対するヘイトスピーチです。障害者差別解消法，部落差別解消推進法と個別立法という形式で各論はあるが，それでは特定の問題の解決にとって一定の意味があったとしても，社会における差別問題を解決することには連動しません。逆に各当事者間の分断を招くおそれがありま

実効性のある被害者救済を考える｜73

す。総論としてあらゆる差別を禁じる反差別法が必要です。

李 ありがとうございました。未消化な部分もあったと思うんですけれども，一方で，今日の議論を通じて，どこが現行法のもとで引っかかっているかということについて見えてきたのではないかと思います。引き続き，私たちも含め，インターネット上のヘイトスピーチの被害の撲滅と救済のために取り組んでいきたいと思います。

　今日は，みなさま，本当にありがとうございました。

[資料] 第二東京弁護士会意見書

2018年（平成30年）3月19日

第二東京弁護士会
会長　伊東　卓

インターネット上の人種差別的ヘイトスピーチ撲滅のために
適切な対応を求める意見書

第1　意見の趣旨

1　不特定多数の者が利用するインターネット上のサイト・サービス等を管理運営する者（以下，「サイト運営者」という。）は，自身の管理運営するサイト上に人種差別的ヘイトスピーチに該当する情報が存在していることを認識した場合，速やかに当該情報を削除すべきである。

2　サイト運営者は，人種差別的ヘイトスピーチに該当する情報について削除要請を受けた場合，速やかにこれに応じ，当該情報を削除するなどの措置を講じるべきである。

3　国，地方公共団体，インターネット・ホットラインセンター，一般社団法人セーファーインターネット協会その他の関係団体は，人種差別的ヘイトスピーチに該当する情報が違法情報または有害情報であることを前提に，サイト運営者への迅速かつ実効的な削除依頼体制の構築等，インターネット上の人種差別的ヘイトスピーチの撲滅のために必要な措置を講じるべきである。

第2　意見の理由

1　インターネット上におけるヘイトスピーチの現状
(1)　ヘイトスピーチ被害一般論

ア　ヘイトスピーチとは，広義では，人種，民族，国籍，性などの属性を有するマイノリティの集団もしくは個人に対する，その属性を理由とする差別的表現であり，その中核にある本質的な部分は，マイノリティに対する「差別，敵意又は暴力の煽動」（市民的及び政治的権利に関する国際規約（自由権規約）20条），「差別のあらゆる煽動」（あらゆる形態の人種差別の撤廃に関する国際条約4条本文）であり，表現による暴力，攻撃，迫害である（師岡康子「ヘイト・スピーチとは何か」（岩波新書）48頁）。

　ヘイトスピーチは，その用語が広く使用される前，遡れば，戦前から行われてきた歴史的な問題であり，今に始まったことではないが，2000年代半ばから，嫌韓本がミリオンセラーになり，インターネット上で匿名によるヘイトスピーチが拡散されることにより，一気に注目を集め，一定の規制をすべきであるとの国内外の世論の高まりにつながった。そして，2016年5月24日，日本における初めての反人種差別法として，「本邦外出身者に対する不当な差別言動の解消に向けた取組の推進に関する法律」（ヘイトスピーチ解消法）が成立した。

イ　ヘイトスピーチは，歴史的な差別構造の一部としてなされるが故に，幾世代にもわたる社会全体からの差別と暴力の恐怖，苦痛をよみがえらせ，また，今後も自分に，そして次世代の子どもたちに対

しても一生繰り返されるかもしれない絶望を伴い，マイノリティの心身に極めて深刻な害悪をもたらす。

2014年11月に発表された国際人権NGOヒューマンライツ・ナウによる「在日コリアンに対するヘイト・スピーチ被害実態調査報告書」によれば，調査対象者らは，共通して，ヘイトスピーチによる恐怖，自尊心の傷つき，社会生活への悪影響，子どもへの影響に対する懸念，日本社会に対する恐怖を受けたり，感じたりするなど，深刻な被害体験，被害感情を負っていた。2016年3月に法務省人権擁護局が実施したヘイトスピーチに対する聞き取り調査においても，同様の回答が見られた。

ヘイトスピーチは，マイノリティへの深刻な被害のみならず，偏見を拡散しステレオタイプ化し，差別を当然のものとして社会に蔓延させ，差別構造を強化することにより，究極的にはジェノサイドや戦争へと導く害悪を有すると指摘されている(前掲師岡61頁)。

(2) インターネット上のヘイトスピーチ

ア 上記(1)の通り，近年は，インターネットの普及に伴い，匿名の差別的書き込みが急速に広がっている。「在日特権を許さない市民の会」(在特会)等による排外主義的な差別街宣は，インターネットで参加を呼びかけられた上，同差別街宣の様子が即座に動画でインターネット上に発信され続けた。これにより，差別街宣の場に直接居合わせなかった者も，インターネットを通じてヘイトスピーチにさらされ続けることになり，ヘイトスピーチによる被害が，より拡散・深刻化されるに至った。

イ また，インターネット上では，ヤフー・ニュース等に対するコメント欄への書込みに，見るに堪えないヘイトスピーチが溢れ，差別の温床となっている。

この点については，2017年4月，立教大の木村忠正教授とヤフー・ニュースが，ネット上で配信されるニュースに対するコメントについて共同で分析した結果が，朝日新聞に発表された(2017年4月28日朝日新聞朝刊)。記事によると，同分析は，2015年4月の1週間に配信した政治や社会など硬派なテーマの記事約1万件と，それに対して投稿されたコメント数十万件について行われたものであるところ，韓国絡みの言葉を含んだコメントが最も多くて全体の20％近く(中国関連と合わせると25％)を占め，その多くに「嫌韓」や「嫌中」の意識が色濃く見られたという。また，侮辱的なコメントの8割を韓国関連が占めたという。この分析内容は，ヤフー・ニュースのコメント欄が，韓国や中国，あるいは在日コリアンに対する排斥意識が顕著に見られる場所ということを示したといえる。

以上のような状況については，ヤフーにおいても，特定の民族を侮蔑するような表現を含む記事自体を削除したり(2017年5月19日JCASTニュース)，ヤフー・ニュースのコメント欄で複数アカウントを利用して「多くの意見として印象を煽動する行為」への対応強化を公式スタッフブログ上で発表するなど，インターネット上におけるヘイトスピーチを完全に放置している訳ではない。

しかしながら，その対応が追いついているとは言い難い状況であり，他国の制度や運用をも参考にした対策の強化に一層取り組むことが喫緊の課題である。

2 ヘイトスピーチ情報の流通防止措置をめぐる現状

(1) 従前の状況アプロバイダ責任制限法のもとでの対応

現在，インターネット上における権利侵害情報の流通防止に関して，特定電気

通信役務提供者の損害賠償責任の制限及び発信者情報の開示に関する法律（プロバイダ責任制限法）が制定・運用されており，同法の枠内での対応が実務上定着し，相応の効果を上げている。

プロバイダ責任制限法のもとで，自己の権利を侵害された特定個人は，プロバイダ等に対して削除要請を行うことができ，削除要請を受けたプロバイダ等は，法が規定する要件を充たす場合には，削除等の措置を講じても損害賠償責任を負わないこととされている。これにより，プロバイダ等による任意の削除措置が促進されることとなる。

また，プロバイダ責任制限法は，自己の権利を侵害された特定個人に，プロバイダ等に対する発信者情報開示請求権を付与しており，これにより，違法な書き込み等を行った個人に対する責任追及が可能となっている。

しかし，プロバイダ責任制限法が削除要請・発信者情報開示請求の対象とする「他人の権利を侵害する情報」は，現状，特定個人の権利を侵害する情報に限られるものと解釈されており，ある人種・民族に属する不特定多数に向けられたヘイトスピーチについては，同法が対象とする権利侵害情報には含まれないものとされている。

イ　違法・有害情報に対する従前の取組

一方で，これまで，特定個人の権利侵害情報ではない情報についても，プロバイダや関係団体等の自主的な取組による流通防止措置が講じられてきた。

例えば，特定個人の権利侵害に直結しない，違法情報（インターネット上の流通が法令に違反する情報）や有害情報（公序良俗に反する情報や違法行為を引き起こすおそれのある情報等）については，プロバイダが制定する契約約款上削除措置の対象とされたり，業界団体等が通報窓口を設置

し，警察等と連携してプロバイダに削除依頼を行うという取組が行われてきた。このような取組により，例えば，児童ポルノ，自殺や犯罪に誘引する情報などは迅速な削除が実現していた。

ウ　ヘイトスピーチ情報の流通防止にかかる対応が遅れていたこと

しかし，不特定多数に向けられたヘイトスピーチについては，このような自主的な取組の対象からもこぼれ落ちていたというのが実情である。

例えば，通信関連業界4団体の代表メンバーからなる違法情報等対応連絡会が作成公表していた「違法・有害情報への対応等に関する契約約款モデル条項」（以下，「モデル条項」という。）は「他者を不当に差別もしくは誹謗中傷・侮辱し，他者への不当な差別を助長し，またはその名誉もしくは信用を毀損する行為」を禁止事項として定めていたが（同モデル条項第1条(3)），「違法・有害情報への対応等に関する契約約款モデル条項の解説」（2017年改正前。以下「モデル条項解説」という。）においては，「具体的には，特定の個人の名誉を損なう内容や侮辱する内容の文章等をホームページ等に掲載する行為，国籍，出身地等を理由とした個人に対する不当な差別を助長する等の行為がこれに該当します。」との解説が付されており，特定個人に向けられたヘイトスピーチでなければ禁止事項に直接該当しないかのような解釈が採用されていた。

(2)　近時の状況

近時，ヘイトスピーチを許さないとする社会的意見が高まっており，インターネット上のヘイトスピーチが野放しにされてきた状況に変化の兆しが見えている。

大阪市は，2016年1月に「大阪市ヘイトスピーチへの対処に関する条例」を制定したが，同条例では，インターネット

［資料］第二東京弁護士会意見書 ｜ 77

上にヘイトスピーチに該当する書き込みがなされている場合は、市がプロバイダに削除要請するなどの拡散防止措置をとることが規定されている。

また、2016年2月には、在日朝鮮人に対するヘイトスピーチ動画がインターネット上で公開されているのは人権侵害にあたるとして、法務省が複数のサイト運営者に削除を要請し、一部が削除に応じた。

さらに、2016年5月24日にヘイトスピーチ解消法が制定され、同年6月3日に施行されたが、同法について衆参両院はそれぞれ附帯決議をなし、「インターネットを通じて行われる本邦外出身者等に対する不当な差別的言動を助長し、又は誘発する行為の解消に向けた取組に関する施策を実施すること」について国および地方自治体が特段の配慮をすることを求めた。

ヘイトスピーチ解消法制定後、違法情報等対応連絡会は、前記(1)ウ記載のモデル条項解説を2017年3月15日に改訂し、同モデル条項上の禁止事項に「『本邦外出身者に対する不当な差別的言動』を含むいわゆるヘイトスピーチ」が含まれることを明記した。

このように、近時、インターネット上のヘイトスピーチ根絶へ向けた取組は一定の進展を見せている。しかし、いまだその効果は限定的といわざるをえず、インターネット上に氾濫するヘイトスピーチ被害を効果的に抑止することが可能な状態には至っていない。

(3) 諸外国における対策

諸外国においては、インターネット上におけるヘイトスピーチ拡散防止が、民主主義社会の維持のために急務であるとの認識のもと、インターネットサイトの運営企業らと協調した対策が講じられるに至っている。

例えば、欧州委員会は、Facebook, Twitter, YouTube, およびMicrosoft（以下、「IT4社」という。）と合同で、欧州における違法なオンラインヘイトスピーチの拡散に対抗するための、一連の方針を含む行動規範を発表した。

同行動規範では、欧州委員会とIT4社が、「違法なオンラインヘイトスピーチの拡散は、標的とするグループまたは個人にマイナスの影響を及ぼすだけでなく、この開放社会で、自由、寛容、および差別のなさを支持する意見を述べる者にもマイナスの影響を与え、オンラインプラットフォームでの民主主義的論説にも抑制効果を与えることを認め」るとともに、ヘイトスピーチの拡散防止のためには、「適切な時間枠内に、有効な通知の受理に基づいて、オンライン仲介人とソーシャルメディアプラットフォームによる、違法なオンラインヘイトスピーチの迅速・確実な点検・検討に連動する措置」が実施されることが必要であると述べている。

そしてIT4社は、通報を受けてから24時間以内に違法なヘイトスピーチを除去するため、削除等の措置をとることとし、このために必要な内部手続の開発とスタッフのトレーニングを行うことを宣言した。

3　あるべき取り組み

(1) サイト運営者及びインターネット関連団体における対策の必要

現代において、インターネット上の表現活動は、民間企業の運営するサイト上で行われるのが原則的形態である。このため、インターネット上のヘイトスピーチ対策にあたっては、私企業であるサイト運営者の自主的な対応が決定的に重要である。

一方、公権力によるインターネット上

の表現規制のあり方としては，現実社会におけるのと同様に表現行為を直接的に規制する方法（直接規制），プラットフォームを規制することにより間接的に表現規制を行う方法（間接規制。インターネット異性紹介事業を利用して児童を誘引する行為の規制等に関する法律（出会い系サイト規制法）による規制がその一例。），公権力がサイト運営者に特定の義務を課すのではなく，法令や行政指導等で一定の枠付けを行い，事業者がその範囲内で自主的な規制を行う方式（共同規制）がある（曽我部真裕「インターネットと表現の自由」阪口正二郎・毛利透・愛敬浩二編『なぜ表現の自由か─理論的視座と現況への問い』参照）。しかし，公権力による規制のあり方を巡っては，表現の自由との関係等から種々の議論が存在し，公権力による規制をただちに実現することはいまだ困難であるのが現実である。

　そこで，以下では，公権力による対応の必要性に留意しつつ，迅速かつ実効的な対策のためにはサイト運営者による自主的な対応が必要不可欠であるとの認識のもと，サイト運営者が，インターネット上の人種差別的ヘイトスピーチ撲滅のためにいかなる法的または社会的責任を負っているかを検討した上で，サイト運営者及びインターネット関連団体が講ずべき各対策について提言する。

(2)　ヘイトスピーチ解消法の施行並びに司法判断及び社会意識の著しい変化

　これまで日本の司法手続においては，一般に，差別的表現が民法上の不法行為に該当するとされるのは特定の者を対象とする表現に限られ，不特定の者を対象とする場合には違法性が否定されると解されてきた。また，前記のとおり，現在，インターネット上における権利侵害情報の流通防止に関して，プロバイダ責任制限法の枠内での対応が実務上定着してい

るが，同法が対象とする「他人の権利を侵害する情報」は，特定個人の権利を侵害する情報に限られ，不特定多数に向けられた人種差別的ヘイトスピーチは含まれないとされてきた。

　しかし，以下に述べるとおり，ヘイトスピーチ解消法施行後，司法判断及び社会意識に大きな変化が見られ，もはや，人種差別的ヘイトスピーチが特定個人の権利を侵害するものではないとの単純な理由によっては，サイト運営者の責任を不問にすることは許されない社会状況となっている。

　2016年6月にヘイトスピーチ解消法が施行された。この法律は，前文において本邦外出身者に対する不当な差別的言動は許されないことを宣言するとともに，国及び地方公共団体に対して不当な差別的言動の解消に向けた取組を実施することを求めている。また，同法3条は，「国民は，本邦外出身者に対する不当な差別的言動の解消の必要性に対する理解を深めるとともに，本邦外出身者に対する不当な差別的言動のない社会の実現に寄与するよう努めなければならない。」と規定し，国民にも努力義務を課している。人種差別的ヘイトスピーチが，ヘイトスピーチ解消法上許されないものであることは明らかである。

　そして，法務省は，同法の求める取組を推進するための地方公共団体向けの参考情報として，同法2条の「本邦外出身者に対する不当な差別的言動」の具体例を公表し，その中で，例えば，①「○○人は殺せ」，「○○人を海に投げ入れろ」等の本邦外出身者の生命，身体等に危害を加える旨の言動，②本邦外出身者を蔑称で呼んだり，差別的な意味合いで昆虫，動物，物に例えたりする等の侮辱的な言動，③「○○人は祖国へ帰れ」，「○○人は強制送還すべき」等の本邦外出身

［資料］第二東京弁護士会意見書　79

者を排斥する旨の言動などが該当し得るとしている。

さらに、裁判例においても、平成28年6月2日横浜地裁川崎支部決定（ヘイトデモ禁止仮処分命令申立事件）では、同法の施行前日に同法を引用して不特定の本邦外出身者を対象とするヘイトスピーチについて人格権侵害による違法性を肯定し、更に事前の差止請求も認容した初めての司法判断として広く社会の耳目を集めた。

また、法務省は、2016年8月1日付で、上記ヘイトデモにおける不特定の本邦外出身者を対象とする差別的言動について「人格権を侵害する不法行為」であり「人間としての尊厳を傷つける不当な差別にあたる」と認定し、今後同様の行為をしないよう文書で勧告した（朝日新聞2016年8月3日朝刊）。

広く社会に目を向けても、スポーツ界、特にサッカー界では、サポーターが差別的内容の横断幕を掲げた行為について、適切な対応を怠ったクラブに対して無観客試合の開催を含む制裁を課すなど厳しい対応が取られており、多くのファンもそのことを当然のこととして受け入れている。

以上のように、ヘイトスピーチ解消法の施行や、不特定の者を対象とする差別的言動について違法性を肯定する新たな司法判断の動き、さらには、近時の日本社会における差別的言動に対する人権意識の著しい変化（高まり）を考慮した場合、人種差別的ヘイトスピーチが文言上は不特定の者を対象とするものであっても、それによりマイノリティ個人の人格権等が現実に侵害されうることは、もはや司法判断及び社会認識において承認されているといえる。

(3) サイト運営者の社会的責任

インターネットは現代社会を支える通信インフラであり、大多数の市民にとってインターネットによる種々の情報取得が社会生活上、不可欠となっており、SNS等における人々の言動が一般社会や個人の生活に与える影響は甚大である。SNS等を運営するサイト運営者は、こうした近時のインターネットの急速な利用拡大により莫大な企業収益を上げていると同時に、経済社会のみならず市民社会に対しても強い影響力を持つに至っている。こうした点に鑑みれば、サイト運営者である各企業は、自身が管理運営するサイトに書き込まれる人種差別的ヘイトスピーチが社会全体に与える悪影響ないし害悪を認識し、これを予防または排除する責任を担うべき社会的立場にあり、その意味で公的役割を有しているともいえる。

そして、サイト運営者は、自身が運営するサイトにおける情報の流通を管理する立場にあり、同サイト上で行われた差別的表現を削除する物理的権限を有している。のみならず、ほとんど全てのサイト管理者は、その利用約款等に人種差別的ヘイトスピーチに該当する書き込み等を禁止する旨の条項を設けていることから、人種差別的ヘイトスピーチを削除することについて当該書き込みを行った者から契約上の責任を問われない地位にある。この点、上述のとおり一般社団法人テレコムサービス協会等が公表している前記のモデル条項には禁止事項として「他者に対する不当な差別を助長する等の行為」（第1条（禁止事項）(3)）が含まれているところ、同協会は、近時、モデル条項解説を改定し、「他者に対する不当な差別を助長する等の行為」にヘイトスピーチ解消法2条の「本邦外出身者に対する不当な差別的表現」を含むヘイトスピーチが含まれることを明記した。

以上のとおり、サイト運営者は人種差

別的ヘイトスピーチによる人権侵害を予防または排除すべき社会的立場にあり，その意味で公的役割を有していることに加えて，自身が運営するサイト上の情報を削除する物理的権限を有しており，かつ，その利用約款上，人種差別的ヘイトスピーチの削除について契約上の責任を問われない地位にあることからすれば，サイト運営者は，自身が運営するサイト上での人種差別的ヘイトスピーチによる人権侵害の状況を把握するよう努めるとともに，これを認識した場合には速やかに削除すべき社会的責任を負っているというべきである。

(4) サイト運営者の法的責任

前記(3)で検討した社会的責任からさらにすすんで，サイト運営者は，自身の管理運営するサイト上で特定個人の権利を侵害する書き込み等がされたことを知り，また知り得たときなど一定の場合には，条理等を根拠とする法的な削除義務を負うと解されている（例えば，東京地方裁判所平成16年5月18日判決（判タ1160号147頁）参照）。

この点，前記(2)において検討したとおり，人種差別的ヘイトスピーチはヘイトスピーチ解消法上許されないものであり，また，文言上は不特定多数に向けられたものであっても当該ヘイトスピーチによって特定のマイノリティ個人の人格権等が現実に侵害されうることは，今や司法判断及び社会意識において承認されている。

また，前記(3)記載のとおり，サイト運営者は公的役割を有しており，かつ，自身のサイトになされた人種差別的ヘイトスピーチを削除する物理的権限を有する一方で削除について契約上の責任を問われない地位にある。

そうすると，自身の運営するサイトにおいてなされた人種差別的ヘイトスピー

チが，特定のマイノリティ個人の人格権等を現実に侵害していることを認識したサイト運営者は，上記のような社会的責任に止まらず，当該人種差別的ヘイトスピーチについて法的な削除義務を負うことがありうると解すべきである。

(5) サイト運営者が講ずべき対策

ア 上述のとおり，サイト運営者が自身が管理運営するサイト上の人種差別的ヘイトスピーチの削除について社会的責任（または法的責任）を負っていることを踏まえた場合，サイト運営者がとるべき対応は，以下のとおり，当該情報の分類に応じて検討することが有用である。

すなわち，当該情報が特定のマイノリティ個人の権利を侵害する権利侵害情報に該当する場合には，プロバイダ責任制限法下での従来の実務に応じた対応が求められる。

一方，当該情報が権利侵害情報にあたらない場合は，これが違法情報または有害情報に該当するものとして対応することとなる。

この点，前記(2)において検討したとおり，人種差別的ヘイトスピーチがヘイトスピーチ解消法上許されないものであり，サイト運営者も同法3条の努力義務を負っていることからすれば，サイト運営者は，人種差別的ヘイトスピーチが違法情報に該当することを前提とした取り組みを行うべきである。なお，違法情報にあたらないとしても，少なくとも有害情報に該当することは明らかであるから，いずれにせよ，サイト運営者が当該情報を速やかに削除すべき責任を有することに変わりはない。

イ 前記2(1)イ記載のとおり，現在，多くのサイト運営者は，関係団体等と協力して，違法情報・有害情報の削除について自主的な取組を行っている。サイト運営者が負っている社会的責任（または法的責

[資料] 第二東京弁護士会意見書 81

任）からすれば，このような違法情報等に対する取組から人種差別的ヘイトスピーチを除外すべき理由はなく，サイト運営者は，他の違法情報・有害情報についてと同様に，関係団体等と協力して，人種差別的ヘイトスピーチを迅速かつ実効的に削除することを可能とする対策を講じるべきである。

具体的には，サイト運営者は，自社が運営するサイト上の人種差別的ヘイトスピーチ等につき，自主的な審査及び削除を迅速に行えるシステムを構築し，さらに，そうしたシステムの実効性を担保するべく適切に運用するとともに，関係団体等と協力して，ヘイトスピーチ被害者が簡易迅速に削除申請を行うことができる枠組みを創設する等の対策を講じるべきである。

(6) インターネット関係団体等が講ずべき対策

現在，インターネット上の違法情報および有害情報への対応を効果的かつ効率的に推進していくために，インターネット・ホットラインセンターや，一般社団法人セーファーインターネット協会等の関係団体が，警察等と協力して，インターネット利用者からの情報提供を受け付け，必要に応じて警察に通報したり，プロバイダへの削除依頼を行うなどの対策を講じたりしている。

この点，上記両団体のホームページ等においては，削除要請等の対象となる違法情報および有害情報の例として，児童ポルノ，わいせつ物，規制薬物等が挙げられているものの，人種差別的ヘイトスピーチはその対象として明示されていない。

しかし，前記(5)ア記載のとおり，人種差別的ヘイトスピーチは違法情報にあたるというべきであり，あるいは少なくとも有害情報に該当することは明らかであ

るから，関係団体は，他の違法情報または有害情報に対する取り組みと同様に，人種差別的ヘイトスピーチへの取り組みを行うべきである。

よって，国，地方公共団体，上記両団体を含む関係団体は，人種差別的ヘイトスピーチに該当する情報が違法情報または有害情報であることを前提に，他の違法情報等に対する取組と同様に，人種差別的ヘイトスピーチの被害者等からの通報を受理し，必要に応じてサイト運営者への削除依頼を行うなど，インターネット上の人種差別的ヘイトスピーチの撲滅のために必要な措置を講じるべきである。

4 結論

当会は，人種差別的ヘイトスピーチがオフライン，オンラインを問わず氾濫している状況を深刻に危惧する。

もとより，ヘイトスピーチのない社会を実現するためには，人種差別撤廃条約の要請をふまえ，新たな立法を含めたさらなる対策が必要であり，当会も，引き続きヘイトスピーチの撲滅へ向けた取組を進める決意である。

本意見書は，インターネット上のヘイトスピーチがマイノリティの尊厳と人格権を深刻に棄損しており，これに対する対応が喫緊の課題となっているとの認識のもと，現行法のもとで可能な緊急の対策として，サイト運営者や関係団体に対して，意見の趣旨記載の対応をはじめ，インターネット上の人種差別的ヘイトスピーチ撲滅のために必要な措置を講じることを強く求めるものである。

以上

報告者プロフィール

曽我部真裕 (そがべ・まさひろ)

1974年生まれ，横浜市出身。京都大学大学院法学研究科教授 (憲法・情報法)。京都大学法学部，同大学院法学研究科修士課程修了，博士課程中退。司法修習生，京都大学大学院法学研究科講師，准教授を経て2013年から現職。放送倫理・番組向上機構 (BPO) 放送人権委員会委員，情報法制研究所 (JILIS) 理事，情報法制学会 (ALIS) 代表など。編著書に『情報法概説〔第2版〕』(共著，弘文堂，2019年)，『ゴー宣〈憲法〉道場Ⅰ白帯』(共著，毎日新聞出版，2018年)，『スタディ憲法』(共編著，法律文化社，2018年) など。

師岡康子 (もろおか・やすこ)

弁護士。東京弁護士会外国人の権利に関する委員会委員。国際人権法学会理事。大阪経済法科大学アジア太平洋研究センター客員研究員。外国人人権法連絡会運営委員。人種差別撤廃NGOネットワーク共同世話人。編著書に『ヘイト・スピーチとは何か』(岩波新書，2013年)，外国人人権法連絡会『Q&Aヘイトスピーチ解消法』(監修・共著，現代人文社，2016年)，ヘイトスピーチを許さないかわさき市民ネットワーク編『根絶！ヘイトとの闘い──共生の街・川崎から』(共著，緑風出版，2017年) など。

金尚均 (キム・サンギュン)

1967年生まれ，大阪府出身。龍谷大学法学部教授 (刑法)。1990年立命館大学法学部卒業，1994年ボン大学ならびに立命館大学大学院博士後期課程中退。編著書に『差別表現の法的研究──排除社会へのプレリュードとしてのヘイト・スピーチ』(法律文化社，2017年)，『ヘイト・スピーチの法的研究』(編・共著，法律文化社，2014年)，『危険社会と刑法──現代社会における刑法の機能と限界』(成文堂，2001年) など。

GENJIN ブックレット 70

インターネットとヘイトスピーチ

2019年12月20日　第1版第1刷発行

編　者　　第二東京弁護士会人権擁護委員会

発行人　　成澤壽信
編集人　　西村吉世江
発行所　　株式会社 現代人文社
　　　　　東京都新宿区四谷2-10 八ッ橋ビル7階（〒160-0004）
　　　　　Tel.03-5379-0307 Fax.03-5379-5388
　　　　　henshu@genjin.jp（編集部）hanbai@genjin.jp（販売部）
　　　　　http://www.genjin.jp/

発売所　　株式会社 大学図書
印刷所　　株式会社 平河工業社
装　幀　　Malpu Design（高橋奈々）

ISBN978-4-87798-744-2 C0036

本書の一部あるいは全部を無断で複写・転載・転訳載などをすること，または磁気媒体等に入力することは，法律で認められた場合を除き，著作者および出版者の権利の侵害となりますので，これらの行為を行う場合には，あらかじめ小社または編者宛てに承諾を求めてください。